Knaur
MensSana

Über die Autorin:

Joan Anderson lebt in Massachusetts, wo sie Wochenend-Workshops für Frauen veranstaltet.

Joan Anderson

Wind in den Segeln

Drei Tage, die Ihr Leben verändern

Aus dem Amerikanischen
von Jutta Ressel

Knaur
MensSana

Die amerikanische Originalausgabe erschien 2006
unter dem Titel *A Weekend to Change Your Life* bei Broadway Books,
Random House, Inc., New York.

Besuchen Sie uns im Internet: www.droemer-knaur.de
Alle Titel aus dem Bereich MensSana finden Sie im Internet unter
www.knaur-mens-sana.de

Vollständige Taschenbuchausgabe August 2007
Knaur Taschenbuch.
Ein Unternehmen der Droemerschen Verlagsanstalt
Th. Knaur Nachf. GmbH & Co. KG, München

Redaktion: Katrin Ingrisch
Umschlaggestaltung: ZERO Werbeagentur, München
Umschlagabbildung: Mauritius Images
Satz: Adobe InDesign im Verlag
Druck und Bindung: Clausen & Bosse, Leck
Printed in Germany
ISBN 978-3-426-87343-4

2 4 5 3 1

Für die Wochenend-Frauen,
die für Wachstum und Wandel einstehen.
Auf dass ihr die Vorbilder
von morgen werdet.

Inhalt

Danksagung

Die Entwicklung meines Selbst und die Veränderung meines Lebens nahmen mit einer Gruppe von Suchenden aus einer Vorstadt von New York ihren Anfang: Cheryl Lindgren, Judy Greenberg, Hazel Kim, Joya Verde und Virginia Dare. Danke, dass ihr eingewilligt habt, gemeinsam mit mir nach unserem Selbst zu suchen. Und dann kamen die zahlreichen Teilnehmerinnen an den Wochenend-Retreats, die anschließend nach Hause zurückkehrten und von ihrer Veränderung erzählten – in Form von Vorträgen, bei Privatgesprächen mit einer Freundin über einer Tasse Tee, in Literaturzirkeln oder indem sie Workshops organisierten, wenn ich gerade zu Besuch war. Gemeinsam riefen wir eine neue Bewegung ins Leben – »die unfertige Frau« heißt sie. Euch allen bin ich ewig dankbar.

In *Arizona:* Joyce Anne Longfellow, Sally Arnold, Bernice Grassel, Bunny Perkins, Yvonne Rojas und Barbara Hoffnagle. In *Kalifornien:* Susan Jeannero, Sylvia Bays, Charlotte Hollingsworth. In *Georgia:* Kathy Wheeler. In *Illinois:* den Begründerinnen von Maggie's Place, Barbara Benson und Nancy Powers. In *Pennsylvania:* Barbara DeFlavis, Martha Enck, Betsy Miraglia. In *Florida:* Julie Debs und Susan Pinder. In *Michigan:* Sue Ann Schredder, Dawn Shapiro, Char Firlik, Julie Morton, Tonja McCullough, Peggy DePersia, Linda Masselink. In *Minnesota:* Nancy Jorgenson. In *Massachusetts:* Sally Hunsdorfer. In *Nebraska:* Anna Anderson. In *Iowa:* Alice

Book. In *Louisiana:* Vicki Armitage. In *New Jersey:* Cincy Cutcliff, Terry Maricondo, Elaine Ottoway, Kyle Sabitino, Cathy Cohen.
Mein besonderer Dank gilt Jody Donohue für ihr Angebot, sich samt ihrer Agentur für meine Arbeit einzusetzen.
Außerdem danke ich Pat Haney, die einige meiner Vorträge auf Video aufgezeichnet hat, und dem Chatham Bars Inn, das mir Unterkunft gewährte, als ich dringend Abstand brauchte.
Wer ein Buch produzieren und ein Programm entwickeln will, benötigt dazu ein Team. Stacey Creamer, meine Verlegerin, ist der absoluten Überzeugung, dass Frauen einen Anstoß brauchen, um zu wachsen und sich zu verändern, und so ließ sie meinem Programm enorm viel Förderung zuteilwerden.
Liv Blumer, meine Agentin, unterstützte mich bereits als Verfasserin meiner autobiographischen Bücher und steht auch jetzt bei diesem Ratgeber hinter mir.
Und meine Assistentin Debbie Ebersold fungierte als fabelhafte Mittlerin zwischen mir und den Teilnehmerinnen an den Wochenend-Retreats, indem sie die Logistik fest im Griff hatte, während ich eifrig an diesem Buch schrieb.
Zutiefst dankbar bin ich Rebecca Anderson, meiner Beraterin bei allen Angelegenheiten, die mit dem Verlagswesen zu tun haben. Sie reiste mit mir herum, um wirklich am Puls der Zeit der Frauen von heute zu sein, und sie ließ es sich nicht nehmen, auch Themen anzusprechen, die im Leben von Frauen, die sich eine Veränderung wünschen, wirklich von entscheidender Bedeutung sind.
Und zu guter Letzt danke ich den Salty Sisters, einer Frauengruppe, die sich bei einem Wochenend-Retreat kennengelernt hat und nun weiterhin Einfluss auf das Leben der einzelnen Mitglieder nimmt, indem sich die Teilnehmerinnen regelmäßig besuchen oder sich im Urlaub ein paar Tage miteinander

zurückziehen. Ihr seid der Beweis dafür, dass Margaret Mead recht hatte, als sie sagte: »Zweifelsohne vermag eine kleine Gruppe von nachdenklichen, engagierten Bürgern die Welt zu verändern; sie sind eigentlich sogar die Einzigen, die das je geschafft haben.«

Hinweis der Autorin

In diesem Buch greife ich auf die Stimmen und Geschichten von Frauen zurück, die ich in den letzten neun Jahren kennengelernt habe. Die Beispiele sind meist eine bunte Mischung, einige stammen unmittelbar aus meinen Wochenend-Retreats, manche basieren auch auf Interviews, die ich für diesen Titel durchgeführt habe. In allen Fällen habe ich die Namen verändert, um die Intimsphäre der betroffenen Frauen zu wahren, deren Wachstums- und Veränderungsprozess noch nicht abgeschlossen ist.

Einleitung

Die meisten Frauen im Alter von dreißig bis siebzig Jahren stellen sich ein und dieselbe Frage: »Wie kann ich, nachdem ich immer nur für andere da war, nun zu mir selbst finden?«

Und da höre ich auch schon so manche unken: »Das geht doch gar nicht. Das ist ja viel zu viel Aufwand.«

»Ich könnte nie so viele meiner Verpflichtungen delegieren, um mich dieser Frage voll zu widmen«, sagen andere.

Nun, vielleicht ist das ja so. Aber wissen Sie, ich war früher total ausgebrannt, weil ich ständig nur die Bedürfnisse und Erwartungen von anderen erfüllt habe, so dass ich schier verzweifelt war. Das konnte nicht alles im Leben gewesen sein. Mir war klar, dass ich auf mein Herz hören und mich mehr um mich selbst kümmern musste. Doch es ging mir wie Ihnen, ich hatte keine Ahnung, wie ich das überhaupt anstellen sollte. Dann wagte ich einfach den Sprung ins kalte Wasser und ging eine Weile von zu Hause weg. Seitdem habe ich nie mehr einen Blick zurückgeworfen.

Meine Flucht war eine Reaktion aus dem Bauch heraus. Ich war ein halbes Jahrhundert alt und hatte ein Gefühl von *jetzt oder nie* – sollte ich auf meine innere Stimme hören oder einfach so weitermachen wie bisher? Irgendwo im tiefsten Inneren wusste ich, dass sich Unmengen Sehnsüchte, Ideen und Pläne in mir aufgestaut hatten, die zu ignorieren ich mir angewöhnt hatte. Es war Zeit, sie freizulassen. Flucht nach vorn schien mir die einzige Lösung zu sein. Irgendwohin zu gehen, wo ich alleine sein konnte – ohne Freunde, Familie, Einflüsse von außen. Das sollte mir helfen, wieder in die Gänge zu kommen, wieder mit dem Menschen in Kontakt zu treten, der ich war und auch sein wollte.

Das hatte natürlich seinen Preis. Mein Entschluss, nach Cape Cod zu ziehen, gefiel den meisten Leuten in meinem Umfeld gar nicht und stellte oft sogar eine regelrechte Bedrohung für sie dar. Neben meinem verwirrten und ärgerlichen Mann bezeichneten mich auch viele meiner Freunde und Bekannten als egoistisch, während andere wiederum zu dem Schluss kamen, dass ich mich einfach in eine aggressive Feministin verwandelt hatte. Dass man mich derart brutal in eine Schublade steckte, brachte mich in Rage. Erkannte denn wirklich keiner, dass ich schlichtweg an einem Wendepunkt in meinem Leben angekommen war und eine Neuorientierung suchte?

Die Urteile meiner Freunde schürten dennoch meine Ängste. Ich erweckte wohl den Eindruck, dass ich keinerlei Einfühlungsvermögen mehr besaß und irgendwie durchgedreht war. Das Einzige, was ich mit Sicherheit wusste, war, dass ich müde und ausgebrannt war. Die sanften Anteile in mir waren von einer Kultur zugeschüttet worden, die das Handeln und nicht das Sein betont, und mir machte das Leben, das ich führte, keinen Spaß.

Nachdem ich ein Jahr allein verbracht hatte und durch die Dünen und über die Strände von Cape Cod gewandert war, erlangte ich langsam mehr Klarheit, kam wieder in Kontakt mit meiner Intuition und meinem Instinkt, heilte die Wunden der Selbstvernachlässigung und fand währenddessen heraus, wie ich mein restliches Leben gestalten wollte. Im Lauf der Zeit wurde mir klar, dass die Etiketten, die man mir verpasst hatte, mit mir selbst nur wenig zu tun hatten. Sie zeugten eher von der Angst der anderen, nicht mehr auf mich zählen

zu können. Meine Aufgabe war es nun, das einzige Leben zu retten, das ich auch retten konnte – nämlich mein eigenes!
In dem Jahr, das ich alleine zubrachte, hatte ich das Glück, die Bekanntschaft einer klugen alten Dame zu machen, die zu meiner Freundin und Mentorin wurde. Joan Erikson war mit dem berühmten Psychoanalytiker Erik Erikson verheiratet und hatte mit ihm die Theorie entwickelt, dass die Identität eines Menschen sich in einem Lebenszyklus mit acht Phasen ausprägt. Neben der Arbeit mit ihrem Mann war Joan auch Künstlerin, Zuhörerin und eine Suchende. Sie zeigte mir, wie man jenseits der Brandung tanzt, wie ich die fallengelassenen Maschen meines Lebens wiederaufnehmen konnte, wie ich im Hier und Jetzt leben, meinen Körper hegen und pflegen und mich stets mit offenem Herzen auf etwas Neues, auf ein Abenteuer einlassen konnte. Ihre Freundschaft war mir eine Stütze auf meiner schwierigen Reise – sie gab meinen schwindenden Lebensgeistern mit ihrem Lachen und ihren Liedern wieder Auftrieb, sie leistete mir in besonders dunklen, einsamen Nächten Gesellschaft und half mir, jenseits meiner Verzweiflung wieder einen Sinn zu finden, indem sie mich ermunterte, *generativ* zu sein und meine Erfahrungen zu kommunizieren. Ihre bedeutendste Lektion, die mir immer wichtig sein wird, lautete: »Wir alle haben die Verpflichtung, uns all die Weisheit und Unterstützung zunutze zu machen, die sich uns auf unserem Lebensweg bieten, und diese dann an andere weiterzugeben.«
Wenn also alte Freunde zu Besuch kamen und nicht nur meinen neuen Schwung, sondern auch meinen sorglosen, glücklichen Blick in die Zukunft bemerkten und erklärten, sie wünschten sich dergleichen auch für sich selbst, schaute ich auf die Schritte zurück, die zu meiner Umwandlung geführt hatten. Auch wenn ich meinen Weg in den ersten Monaten erspürt hatte, es mir also gestattet hatte, meine Tage sich ein-

fach ereignen zu lassen, anstatt an klaren Zielen und Vorgaben festzuhalten, konnte ich in meinen Erfahrungen durchaus ein Schema erkennen und verfügte auch über ein paar Übungen, die mir geholfen hatten weiterzukommen. Joan ermunterte mich, meine Geschichte in drei autobiografischen Büchern festzuhalten, die schließlich zu Bestsellern wurden. Sie hatten das Ziel, anderen Frauen Mut zu machen, aus ihrem Leben auszubrechen - wenn nicht für ein Jahr, dann eben für eine Woche oder ein Wochenende - und zu lernen, auf ihr Herz zu hören.

Die Bücher wurden zu einem Volltreffer. Die Frauen strömten in Scharen in die Buchgeschäfte, wenn ich dort las, andere luden mich in ihren Literaturzirkel ein, und es wurde zunehmend schwieriger, all die Briefe und E-Mails zu beantworten, in denen die Frauen mir mitteilten, wie froh sie waren, dass jemand ihre Gefühle in Worte gefasst hatte; es war ihnen ein Stein vom Herzen gefallen. Alle wollten mehr - mehr Geschichten, mehr Inspiration, mehr Anleitung. Die folgenden zwei Briefe sollen Ihnen verdeutlichen, worum es ging:

Ich habe gerade »Spaziergang am Meer« zu Ende gelesen und bin begeistert. Ich bin in meinem Leben an einem Punkt angekommen, wo alles, wovon ich in den letzten siebenundzwanzig Jahren ausgegangen bin und was ich getan habe, sich dem Ende nähert und verändert. Ich bewundere Ihren Mut, wie Sie Ihr Leben selbst in die Hand genommen haben. Aber wie haben Sie das alles eigentlich gemacht? Könnten Sie mir einen Rat geben? Gibt es eine Art Strategie, die ich befolgen kann?

Ich habe gerade »Ein Jahr am Meer« gelesen. Ihr Buch hat mich in vielerlei Hinsicht berührt. Ich bin zweiundfünfzig und somit in einem Alter, in dem eine Neudefinition fällig wird. Dass Sie einfach so Ihre Sachen gepackt und ans Meer gegangen sind, war genial, aber auch irgendwie verblüffend für mich. Ich habe das Gefühl einer totalen Lähmung. Ich würde schon gern eine Weile weggehen, für immer macht mir das zu viel Angst. Wo haben Sie nur den Mut hergenommen? Wie haben Sie die Langeweile bewältigt? Wie haben Sie es geschafft, Ihre Ungeduld zu bezwingen? In Ihrem Buch schaut das alles so einfach aus, aber ich weiß, das ist nicht der Fall. Was kann ich machen?

Es ist ganz offensichtlich, dass Frauen den Wunsch verspüren, einen Sinn und Zweck im Leben zu finden, der über die Rolle hinausgeht, die sie spielen. Sie brauchen nur Zeit, jemanden, der ihnen einen Tritt gibt, und behutsame Anleitung.
Ich fing also an, Wochenendseminare am Meer anzubieten. Jetzt, acht Jahre später, kommen noch immer Frauen aus ganz Amerika zu diesen Retreats.
Sie kommen, weil sie lernen möchten, ihr Selbst, das sie Jahr für Jahr, Jahrzehnt um Jahrzehnt so sorgsam zugekleistert haben, wieder zum Vorschein zu bringen. Sie kommen, um über den Strand zu schlendern, sich gegenseitig ihre Geschichten zu erzählen und sich mit Hilfe meiner gewonnenen Einsichten wieder mit ihrem wahren Selbst zu verbinden. Sie kommen mit ihrem persönlichen *Schmerz* und zeigen mit dem Finger auf ihre festgefahrene Ehe, die fordernden Kinder, die gerade flügge gewordenen Sprösslinge, die das Elternhaus verlassen haben, auf anmaßende Chefs und Jobs, die keine Herausforderung mehr bedeuten, aber vor allem wohl auf ihr Leben, das jeglichen Glanz verloren hat. Ich begrüße sie und sage: »Willkommen im Club, Schwester. Es ist Zeit für ein neues Leben!«
Wer sind diese Frauen? Es sind Karrierefrauen, die gemeint

hatten, alles zu schaffen, Hausfrauen, die sich nun nach einem neuen Sinn im Leben sehnen, weil ihre Kinder eigene Wege gehen, Frauen, die frisch verwitwet sind, oder Geschiedene, die in einer von Paaren dominierten Welt einer einsamen Zukunft entgegensehen, junge Mütter, die zum ersten Mal dem ständigen Lärm und den konstanten Aktivitäten, die ihnen abverlangt werden, entkommen sind, alleinstehende Frauen, die sich fragen, ob ihnen etwas entgangen ist, weil sie nie geheiratet haben. Neben den Müttern finden sich auch Töchter, Schwestern, Tanten, Großmütter und Freundinnen aus den fünfzig Bundesstaaten Amerikas sowie aus Kanada. Sie alle haben den Mut der Verzweiflung – und sind bereit, alles Notwendige zu tun, um zu ihrer eigenen Identität zu finden. Während des Seminars lernen sie, im Hier und Jetzt zu sein, ausgetretene Wege zu verlassen, Normen abzulegen, ihre Freizeit zu genießen, in ihrer mangelnden Perfektion perfekt zu sein und Maßnahmen zu ergreifen, die eine Veränderung herbeiführen.

Auch wenn es für viele von uns ein Luxus ist, nur für ein einziges Wochenende wegzugehen, ist es notwenig, sich die Zeit für eine Veränderung zu nehmen. Ja sicher, Hürden gibt es schon. Aber die meisten schaffen wir uns selbst. Als ich einmal in der Show von Oprah Winfrey auftrat und erzählte, dass ich mein Heim verlassen hatte, um zu mir selbst zu finden, sagte eine Frau, dass sie so etwas nie tun könne. »Ich habe mehrere Kinder«, klagte sie, »und einen Job und einen Mann auch noch dazu.«

Ich spürte ihre Verwirrung, aber auch, dass meine Geschichte sie verärgerte. Aber ich hielt meine Schuldgefühle in Zaum, setzte mich kerzengerade hin, schaute ihr in die Augen und fragte: »Das Jahr hat achttausendsiebenhundertsechzig Stunden. Ist es da nicht jämmerlich, dass Sie nicht einmal vierundzwanzig Stunden für sich selbst herausschlagen können?«

»Jämmerlich!«, wiederholte Oprah mit ihrem herrlichen texanischen Akzent. »Haben Sie gehört? Jämmerlich!«
Das Publikum brach in schallendes Gelächter aus, aber erst lange, nachdem die Show zu Ende war, wurde mir klar, dass ich da wirklich einen wichtigen Punkt angesprochen hatte. Wenn eine Frau nicht die Zeit findet, um sich zu regenerieren und Kraft zu schöpfen, ist es wirklich jämmerlich. Ich kenne fast keine Frau, die behauptet, dass ihre Familie darauf besteht, dass sie sich auch nur zwanzig Minuten etwas Gutes tun soll! Außerdem drängt uns auch niemand zu Freiheit oder Flucht. Wir müssen selbst die Hand ausstrecken und danach greifen. Und dieses Ausstrecken der Hand erfordert einen enormen Willen und Mut. Aber wie Joan Erikson einmal zu mir sagte: »Es ist Schwäche, einfach nur dazusitzen und zu warten, dass das Leben auf einen zukommt.«
Es besteht keine Notwendigkeit, eine Minute länger als Fremde in der eigenen Haut zu verbringen. Wir waren lang genug brave Mädchen. Dieses Buch soll Sie motivieren, zu einem neuen Leben zu finden. Ich unterbreite Ihnen in diesem Buch also die entsprechenden Schritte, die ich intuitiv während meines einjährigen Aufenthalts am Meer getan habe, und außerdem noch den Prozess, der sich daran angeschlossen hat, wobei sich meine Geschichte mit der von vielen anderen Frauen vermischt.
Das Unterfangen soll nicht in harte Arbeit ausarten und unterliegt auch keinem Zeitplan. Wir Frauen brauchen nicht noch mehr Arbeit oder irgendjemanden, der uns sagt, was wir zu tun haben. Davon abgesehen ist es auch gar nicht möglich, einen seelischen Prozess einem Zeitplan zu unterwerfen. Es gibt so viele Wege, wieder zum eigenen Selbst zu finden, wie es Frauen gibt, die sich auf diese Reise begeben. Letztendlich muss jede ihren eigenen Weg finden.
Manche wünschen sich nur, dass ihre Angst aufhören möge.

Sie wollen nicht hören, dass es Zeit ist, sich endlich auf sich selbst zu besinnen, sich von all den Rollen zu befreien, ihre jahrelange Bühnenangst zu überwinden und ins Rampenlicht zu treten, ihre Stimme zu erheben und laut und verständlich zu rufen: »Ich will, ich brauche, ich *bin.*«

Aber es ist nicht nur der Arbeitsaufwand, der sie davon abhält. Es ist die fehlende Anleitung. Wir alle benötigen mehr Mentoren. Unsere überlieferten Systeme, die uns einst eine Stütze waren, sind in Auflösung begriffen. Zu viele Familien wurden durch Scheidung auseinandergerissen oder leben weit voneinander entfernt. Mütter und Töchter verfügen selten über den gleichen Bezugsrahmen, die gleichen Werte oder Erwartungen. Viele von uns fühlen sich einsam und orientierungslos. In diesem Buch vermische ich nun also meine persönliche Geschichte mit denen anderer Frauen, die sich eine Auszeit genommen haben, und ich hoffe, dass Sie sich mit unseren Bedürfnissen und dem Prozess, ein uns stützendes Netz zu schaffen, anfreunden können.

Dieses Buch ist kein konventioneller Ratgeber. Ich mag keine Ratgeber samt der Idee, dass man bloß ein paar Schritte im Gedächtnis behalten und einige Regeln befolgen müsse, um zu einem perfekteren Wesen zu werden. Wer will wirklich perfekt sein? Perfekt sind Botox und Kleidergröße vierunddreißig. Und selbst Gott kann nicht gewollt haben, dass wir alle gleich aussehen.

Dieses Buch möchte Ihnen Halt geben und auch ein Gemeinschaftsgefühl vermitteln. Stöbern Sie also in aller Ruhe in diesen Kapiteln, und wenn Sie Lust haben, befolgen Sie die für ein Wochenende konzipierten Schritte, wie ich sie im »Kurzprogramm für ein Wochenende« im Nachwort beschrieben habe. Die Übungen lassen sich mit Freundinnen oder auch alleine durchführen. Wie die Teilnehmerinnen des Wochenendseminars bestätigen, ist es tatsächlich möglich, sich an einem schönen Ort ein Wochenende lang eine Auszeit zu nehmen und eine Erfahrung zu machen, die das ganze Leben verändert. Ich bitte Sie also zu versuchen, sich die entsprechende Zeit zu nehmen. Sie können die leeren Seiten am Ende des Buches verwenden, um Ihre Fortschritte festzuhalten, oder auch ein eigens dafür besorgtes Tagebuch führen.

Doch egal wie Sie dieses Buch schließlich nutzen wollen, in jedem Fall sollten Sie während der Lektüre Ihre Gedanken zu Papier bringen. Ihre Reaktionen treten dann mit meinem Text in Dialog und werden zum Sprungbrett für Ihre eigenen Ideen.

Alle meine Überlegungen und Übungen stammen aus diesem einen Jahr am Meer, und ich beziehe mich zur Ermutigung und Inspiration ständig auf sie. Auch wenn Sie die verschiedenen Abschnitte je nach Bedarf immer wieder zur Hand nehmen können, sollten Sie doch mit dem ersten Kapitel beginnen, um die Notwendigkeit Ihres *Bedürfnisses* nach einer Veränderung überhaupt zu verstehen.

Wir alle sind Schwestern im Kampf, unsere Alltagsroutine und unsere Normen neu zu bewerten, und wir müssen einander Mut machen, mehr Risiken einzugehen. Wie T.S. Eliot einmal sagte: »Nur wer riskiert, zu weit zu gehen, hat die Möglichkeit herauszufinden, wie weit er überhaupt gehen kann.«

Wenn Sie sich also danach sehnen, zu Ihrem wahren Selbst zu finden, Ihre müden Lebensgeister zu wecken, spontan zu sein, wild und sogar frei zu sein, die Gegenwart zu genießen, die Kontrolle aufzugeben, Ihren gebrochenen Mut zu heilen oder irgendwo vergrabene Persönlichkeitsanteile wiederzuerlangen – dann ist dieses Buch genau das richtige für Sie. Es ist Ihre Chance, sich auf Ihre innersten Fragen einzulassen, den Alltag zu verändern, die Norm zu verlassen, den Status quo in Frage zu stellen und einen Teil des Tages einfach Ihnen selbst zu widmen.

Es kommt im Leben einer jeden Frau der Tag, an dem sie aufgerufen ist, sich um sich selbst zu kümmern. Ist dieser Zeitpunkt jetzt für Sie gekommen? Sicher bedarf es dazu Disziplin, Entschlossenheit, Vertrauen und Zeit. Doch schließlich werden Sie die Worte Platos verstehen: »Das ungeprüfte Leben ist nicht lebenswert für den Menschen.« Machen Sie also weiter. Springen Sie ins kalte Wasser, auch wenn Ihre inneren Stimmen nein rufen. Und werfen Sie dann nie mehr einen Blick zurück. Jetzt sind endlich Sie dran!

Vor dem Wochenende

SEIN BEDÜRFNIS NACH VERÄNDERUNG VERSTEHEN

Aufwachen, Schwester, jetzt bist du dran

»Es gibt eine brache Zeit für den Geist, wenn die Erde aufgrund schierer Erschöpfung unfruchtbar ist.«

HOWARD THURMAN

Erkennen, dass man in die Irre gegangen ist

Ein erfülltes Leben gilt es zu kultivieren. In dem Moment, wenn wir den Pflug aus der Hand legen, kein Saatgut mehr aussäen und das Düngen vergessen, besteht auch keine Aussicht mehr auf eine gute Ernte. Und dennoch haben viele mir bekannte Frauen, die sich in den Dienst eines übergeordneten Guten gestellt haben, ihr Leben einfach verkümmern lassen.

Man hat uns die hohe Kunst der Anpassung gelehrt, und deshalb haben die meisten von uns ein Talent entwickelt, sich selbstlos zu verhalten. Wir haben unser Privatleben zurückgestellt, um allen anderen ihr Dasein zu verschönern, und wir sind nicht mehr in der Lage, uns überhaupt nur vorzustellen, uns einmal auf etwas Neues, eine Romanze oder auf eigene Zielvorstellungen einzulassen. Kurz gesagt: Wir sind in die Irre gegangen und meinen dummerweise, dass uns schon jemand für unseren Kraftaufwand, unsere Bemühungen, unser Geben und unsere ständige Überarbeitung belohnen wird.

Aber die Sache mit dem Märchenprinzen war nur ein schlechter Scherz, und die guten Feen sind alle längst tot. Anstatt glücklich bis ans Ende unserer Tage zu leben, leiden wir schließlich an *dem Schmerz.* Jeden Morgen beim Aufwachen nagt etwas innerlich an uns, wir haben Hunger nach mehr, sehnen uns nach einer Runderneuerung, sind aber zu lustlos, zu müde oder zu deprimiert, um wirklich etwas an unserer Situation zu verändern. Wir haben einen Großteil unseres Lebens damit verbracht, uns total zu verausgaben. Kein Wunder also, dass wir uns so leer fühlen. Außerdem fehlt es uns an der notwendigen Energie, an einer hilfreichen Landkarte und an jeglicher Anleitung und Unterstützung. Nun, es ist Zeit, das alles zu ändern.

Der erste Schritt ist die Erkenntnis, dass man in die Irre gegangen ist. In Ingmar Bergmans Film »Von Angesicht zu Angesicht« sagt Jenny, eine erfolgreiche, aber ausgebrannte Frau: »Wir [Frauen] spielen unsere Rolle. Wir lernen den Text. Wir wissen, was die anderen wollen, was wir sagen sollen. Letztendlich ist es nicht mal Absicht, weil wir uns nämlich unseres Verhaltens durchaus bewusst sind.« Es scheint fast unmöglich, das gewohnte Rollenverhalten zu überwinden, um dann den Menschen in seiner Rohfassung erkennen zu können, der wir einst waren oder sein wollten. Aber das stimmt nicht.

Ich war die Mutter zweier Söhne in einer Vorstadt, eine Ehefrau, die ihren vielbeschäftigten Mann unterstützte, meinen Eltern und Schwiegereltern eine gute Tochter und den zig Mitgliedern meiner Familie im weiteren Sinn sowie meinen Freunden eine verlässliche Bezugsperson. An Zeitplan und Telefon gekettet, brüstete ich mich damit, eine Art Multitalent zu sein, das jede Menge aufgeschlagene Knie pflegen, verletzte Gefühle heilen und sogar die kaputten Ehen meiner Freundinnen richten konnte. Man musste nur nach mir rufen, und schon schmiss ich den Schulbasar, organisierte für die Kirche eine Spendensammlung, schnitt für Fußball- und Baseballspiele die Orangenstücke auf und goss den Powerdrink ein, wobei ich die ganze Zeit auch Artikel für unsere Zeitung schrieb, um ein paar Scheine für Sonderausgaben dazuzuverdienen. Mein Kalender war so voll, dass ich an den Rand schon Zettel kleben musste.

Ich sprang morgens immer aus dem Bett, zog mir ein paar Klamotten über, bereitete für die Kinder ein Lunchpaket vor, winkte allen zum Abschied, putzte die Küche, machte einen Spaziergang und meine Besorgungen, erledigte mein Arbeitspensum, verschwand wieder in der Küche, um das Abendessen zuzubereiten, und dann kam die nächste Runde Putzen, Gutenachtküsse, bis ich schließlich todmüde ins Bett fiel. Meistens lief alles so perfekt, dass kein Mensch auch nur auf die Idee kam, mir irgendwie behilflich zu sein. Und wenn das doch einmal der Fall war, lehnte ich diese Unterstützung dankend ab, da ich ja alles im Griff hatte, wie ich meinte.

Ich war ständig im Stress, hatte aber das Gefühl, wichtig zu sein, außerdem gab mir meine Leistung ein Gefühl von Erfüllung. Schließlich waren meine Essenseinladungen, die Urlaube, die ich organisierte, und auch die Familientreffen zu einem besonderen Anlass doch immer der Hit, oder etwa nicht? Ich half anderen, und ihr Erfolg und ihr Lächeln waren mir Lohn genug. Mein Selbstwertgefühl beruhte auf meiner Funktion als eine Art fürsorgliches Mädchen für alles vor Ort. Ich schien für diese Rolle geboren zu sein.

Heute bin ich klüger und erkenne, dass meine Konditionierung schon in der Pubertät begann, als mein Körper ein Eigenleben entwickelte. Sobald die Hormone ins Spiel kamen, standen die nächsten vierzig Jahre für mich fest. Mein Bedürfnis, mich zu paaren, mich zu vermehren und fürsorglich

zu sein, war stärker als ich – getrieben von schierer Aufregung, Begierde und Rollenspiel.
Aber irgendwann hatte meine Rolle als unsichtbare Problemlöserin noch eine andere Seite, nämlich so ein vages Gefühl, dass ich in Wirklichkeit gar nicht so erfüllt war, wie ich meinte. Manchmal wurde ich von Zweifeln gepackt, wenn beispielsweise meine Mutter mir beim Auftragen des Abendessens half und Sätze wie »Mütter essen immer die Hähnchenflügel« losließ, das Mantra einer Greisin. Es war ein Scherz, der aus der Zeit der Wirtschaftsdepression stammte; damals war eine clevere Hausfrau in der Lage, eine sechsköpfige Familie bloß mit einem winzigen Hähnchen satt zu kriegen. Doch jedes Mal, wenn ich meine Mutter erzählen hörte, dass sie sich immer das am wenigsten leckere Stück Huhn genommen hatte, tat sie mir leid. Waren Mütter eigentlich nicht wichtig? Mussten sie sich nicht ernähren wie andere auch?
Meine Zweifel und Fragen nahmen zu, als unsere Söhne aufs College kamen. In meinem Kalender taten sich Lücken auf, und plötzlich hatte ich zu viel Zeit. Was sollte ich machen? Zu meinem Leidwesen hatte ich nicht die geringste Ahnung. Da ich mich ja immer nur um die anderen gekümmert hatte, war mir entgangen, dass auch ich Bedürfnisse, Wünsche und Ziele hatte. Ich setzte mich also mit meinen Freundinnen zusammen, und dann tranken wir ein Glas Wein mehr, als uns guttat, und jammerten über unser Los. Wir wurden uns langsam alle der harten Realität bewusst, dass keine von uns sich je die Mühe gemacht hatte, auf irgendeine Weise in ihre persönliche Zukunft zu investieren. Darüber hinaus kam meine Freundin Cheryl zu dem sinnigen Schluss: »Zur Menopause kriegt man keine goldene Uhr geschenkt.«
Wir suchten also nach Wegen, um unseren Schmerz zu lindern, und liehen uns Filme über Frauen, die an einem Scheideweg angekommen waren, um zu sehen, welche Lösung die

verschiedenen Darstellerinnen aus dem Dilemma fanden. Ellen Burstyn rannte in »Alice lebt hier nicht mehr« einfach auf und davon, Shirley Valentine in »Auf Wiedersehen, mein lieber Mann« ebenfalls. Jill Clayburgh flüchtete sich in »Eine entheiratete Frau« in diverse Affären, und die arme Gena Rowlands drehte in »Eine Frau unter Einfluss« schlichtweg durch. Da keine dieser Storys eine wirklich überzeugende Lösung bot, mussten wir alle unsere eigenen Wege gehen. Virginia begann Jura zu studieren; Adelia ließ sich als Immobilienmaklerin nieder; die kürzlich verwitwete Judy nahm sich einen Lover und reiste mit ihm in der Welt herum; Helen outete sich; Julie frönte den Großmutterfreuden; und Cheryl machte sich mit ihrem Mann auf ihre Lieblingsinsel in Maine davon. Ich zollte den Maßnahmen meiner Freundinnen Beifall. Wofür sie sich entschieden hatten, machte mir allerdings eher den Eindruck, dass sie sich irgendeine Beschäftigung oder auch eine neue Beziehung gesucht hatten, um sich von ihrem eigentlichen Schmerz abzulenken. Ich sehnte mich nach etwas anderem, vermochte jedoch nicht genau zu sagen, wonach.

Vermutlich hoffte ich auf ein Zeichen oder einen Vorfall – dass sich ein Ritual vollzog, das mich dann frei machte für einen neuen Kurs und eine neue Identität. Solche Rituale gab es durchaus: Meine Söhne machten ihr Diplom und bezogen ein eigenes Haus; der eine heiratete, der andere verlobte sich; mein Vater starb; mein Mann wurde fünfzig. Doch bei all diesen Umwandlungen standen andere im Mittelpunkt. Ich gehörte dabei zwar zu den engsten Teilnehmern, aber im Zentrum stand ich nie. Wieder einmal war ich damit beschäftigt, diese Ereignisse als unvergessliches Erlebnis zu gestalten, aber sobald das jeweilige große Ereignis dann vorbei war, ging auch die Intensität verloren, und ich fühlte mich im Stich gelassen.

Dann, als wir an Weihnachten unsere mittlerweile verheirateten Kinder besuchten, verstand ich plötzlich wirklich, dass ich aufhören musste, mir Hilfe von anderen zu erhoffen. Jede Veränderung in meinem Leben konnte nur ich in Gang bringen. Von dem Augenblick an, als Robin und ich bei unseren Kindern ankamen, fühlte ich mich völlig deplaziert. Die Kinder hatten eine klare Vorstellung von den Feiertagen, und obwohl sie von beiden Familien Bräuche und Gepflogenheiten aufgegriffen hatten, waren mir die meisten ihrer Pläne nicht vertraut. Schlimmer war noch, dass alle meine Angebote, ihnen behilflich zu sein, auf taube Ohren stießen. Ich sagte mir immer wieder, dass Kinder ihre Eltern ablehnen müssen, um in ihrem eigenen Leben weiterzukommen, kam aber dennoch irgendwie mit diesem Machtwechsel nicht zurecht – oder mit meiner plötzlichen Nebenrolle. Ich zog mich also ins Gästezimmer zurück, damit niemand mein ungutes Gefühl bemerkte. Vor langer Zeit hatte ich einmal das chinesische Schriftzeichen für »Konflikt« gelernt – zwei Frauen unter dem gleichen Dach. Und ganz egal, wie unbehaglich ich mich fühlte, einen Konflikt wollte ich nun wirklich keinesfalls.
Eigentlich wollte ich wohl meine alte Rolle wiederhaben. Ich wollte weiterhin alles gestalten und die Familientraditionen hochhalten – den Kuchen zum Kaffee nach einem Rezept meiner Großmutter backen, die Strümpfe mit Geschenken füllen, vor dem Auspacken der Geschenke einen Brunch veranstalten, und zwar mit Eiern Benedikt. Aber es war mir schon lange klar, dass es egoistisch war, an dieser Ich-will-Position festzuhalten. Ich will für meine Söhne wichtig sein; ich will die Ferien nach meiner Façon gestalten; ich will, dass die Familientraditionen so fortgeführt werden, wie ich sie festgelegt habe ... Ich musste meine Wünsche loslassen und anfangen, mich auf »ich bin« zu konzentrieren, um zu einem neuen Leben und zu neuen Freuden zu finden. Es war Zeit,

Verantwortung zu übernehmen, um zu dem neuen Menschen werden zu können, der ich sein wollte. Der erste Schritt war zuzugeben, dass ich in die Irre gegangen war, dass ich mich verloren fühlte.

Kurz nach Weihnachten passierte dann etwas Seltsames, das mich zwang, mich noch intensiver mit mir selbst zu beschäftigen. Ich hatte das Gefühl, dass mit meiner Kehle etwas nicht stimmte; ich konnte fast nicht mehr schlucken. Speiseröhrenkrebs, dachte ich, oder zumindest ganz schlimmes Sodbrennen. Ich rannte also in Panik zu meiner Internistin. Nach mehreren Untersuchungen kam sie zu dem Schluss, dass die Symptome insgesamt nicht viel hergaben. Anstatt mir ein Medikament zu verschreiben, drückte sie mir ein Buch in die Hand, das sie gerade gelesen hatte – »Heile deinen Körper. Seelisch-geistige Gründe für körperliche Krankheit« von Louise Hay. In dem schmalen Band erklärt Louise Hay, wie negative Gefühle und übermäßige Sorgen Schmerzen verursachen können – der Körper sagt uns dann, dass wir unsere Verhaltensmuster verändern und anders leben sollen. In meinem Fall musste ich zugeben, dass ich die Art, wie ich lebte, schlichtweg wirklich nicht mehr länger schlucken konnte. Trotz meiner Ängste nahm also meine einsame Arbeit ihren Anfang, zu einem neuen Selbst zu finden.

Die Psychiaterin, die ich aufgesucht hatte, zollte meinen Selbstverwirklichungsversuchen Beifall. »Wunderbar, dass Sie in Ihrem Leben die Heldin und Hauptdarstellerin sein wollen«, sagte sie. »Das ist nicht leicht und oft ein einsames Geschäft. Sie müssen mit alten Verhaltensmustern brechen – kein einfaches Unterfangen für eine einfühlsame Frau mit Familiensinn wie Sie. Aber es lohnt sich.« Mit ihrer Hilfe nahm zwar mein Bewusstsein zu, aber sie vermittelte mir nicht, wie ich mit meinen dummen alten Gewohnheiten brechen konnte, meine nagenden Schuldgefühle besänftigen und zu meiner eigenen Heldin werden konnte. Ich war also noch immer irgendwie desorientiert und wusste nicht, wie ich weiterkommen sollte. Ich kämpfte noch immer mit Gefühlen von Apathie, Langeweile und Stagnation.

Der Sprung ins kalte Wasser

Und an dem Punkt kam dann das Schicksal ins Spiel. Mein Mann verkündete mir, dass er einen tollen neuen Job im Bundesstaat nebenan gefunden habe und dass wir in zwei Monaten umziehen würden. Wir, ging es mir durch den Kopf – was heißt denn hier *wir?* Während ich ungläubig zuhörte, stellte ich fest, dass ich seinem Plan einen eigenen entgegenzusetzen hatte – ich begriff die Sache plötzlich als Chance, etwas für mich zu tun und mich zuerst einmal in unser Cottage in Cape Cod zurückzuziehen. Die Worte sprudelten schon aus mir heraus, bevor ich sie mir überhaupt noch richtig zurechtgelegt hatte, und sie waren für uns beide ein Schock. Wenn mir früher mein Mundwerk durchgegangen war, hatte ich immer einen Rückzieher gemacht und mich für meine Wünsche und Meinungen entschuldigt. Dieses Mal nicht. Meine Intuition sagte mir, dass ich den Kurs beibehalten musste.

Aber ins kalte Wasser zu springen ist *eine* Sache – auf dem Boden der Tatsachen zu landen eine andere. Es war eine spontane Entscheidung aus dem Bauch heraus, und ich hatte nicht die geringste Ahnung, was eigentlich auf mich zukommen würde, bis ich schließlich im Cottage ankam, wo mich niemand erwartete und nichts zu meiner Zerstreuung geplant war.

Ich sperrte die Tür auf und ging in das von Jalousien verdunkelte Haus hinein; es war im Licht des Spektakels, das die Ankündigung meiner Flucht ausgelöst hatte, recht unspektakulär. Ich zog also die Schonbezüge von den verblichenen Möbeln und riss die Fenster auf, damit die muffige Luft abzog. Aber egal was ich auch tat, nichts vermochte mein ungutes Gefühl an diesem vertrauten Ort zu verbessern. Ich verließ also schleunigst mein leeres Nest und hastete los in Richtung Meer. Ein Spaziergang am Strand hatte bei mir immer einen positiven Effekt, wenn mir unwohl zumute war, und ich stellte mir das Hochgefühl vor, das sich einstellen würde, sobald ich die schaumgekrönten Wellen und die wilde Brandung sah. Stattdessen fand ich ein spiegelglattes Meer ohne sichtbare Bewegung oder Energie vor. Bei genauerem Hinsehen bemerkte ich den üblichen Wirbel, der die Stillwasserzeit anzeigt – die Zeit also, wenn das Meer weder auf- noch abläuft, sondern sich einfach um sich selbst dreht. Vielleicht war diese Stillwasserzeit ja ein Zeichen für mich, in eine Art psychischen Dornröschenschlaf zu verfallen – dass auch ich still sein sollte, eine Weile in einem neutralen Zustand verharren sollte, der mir dann helfen konnte, den Schmerz in meiner Seele zu lindern.

Die nächsten paar Tage lang schnappte ich mir dann immer wieder meinen Regenmantel und ging an den Strand, wobei ich es stets so einrichtete, dass ich bei Stillwasser ankam. Während ich in den Dünen hockte, die Knie bis zur Brust herangezogen und im Rhythmus der Brandung schaukelnd, versuchte ich zurückzublicken, um die Vision zu erkennen, die ich vor meinem Ausbruch ja gehabt haben musste.

Ich konnte mich zwar an zahlreiche Vorfälle erinnern, die ewige Zeiten zurücklagen, aber die letzten paar Jahre waren total verschwommen. Ich brauchte Stunden, um mich überhaupt einiger Kleinigkeiten zu entsinnen, ganz zu schweigen von den großen Momenten. Aber da ich nicht lockerließ, konnte ich mich schließlich an meinen Geburtstag erinnern, an eine Reise in den Westen, an den Versuch, als freie Mitarbeiterin für eine Zeitschrift zu schreiben, und dass ich wegen meiner Rückenprobleme ans Bett gefesselt war. Sobald ich ein Jahr genauer ins Visier genommen hatte, verbrachte ich einen Regentag damit, über jedes Ereignis nachzudenken: War es ein Spaß, aufregend, schwierig, Pech, traurig oder deprimierend gewesen? Meine Erinnerungen blieben meist schemenhaft, und viele meiner Erfahrungen schienen mir in der Rückschau schlichtweg strapaziös.

Ich beschloss, um jede strapaziöse Erfahrung ein Kästchen □ zu zeichnen, Dreiecke △ um die berauschenden, Herzen ♡ um die vielen Augenblicke, die ich mit meinem Mann verbracht hatte, und schließlich Kreise ○ um die Aktivitäten, die allein für mich gewesen waren. Als ich mir das Gesamtbild ansah, war ich mehr als perplex. Fast das ganze Blatt war mit Vierecken bedeckt! Was als kleine Übung angefangen hatte, sollte sich als wichtige Methode erweisen, die mir die Augen öffnete. Natürlich lebte ich mehr für andere als für mich, und ich hatte anderen mehr Freude bereitet, als ich selbst empfangen hatte. Ich war erschöpft; aber noch schlimmer war, dass das alles meine eigene Schuld war. Ich war das unfreiwillige Opfer meiner einen Planungswut, meiner Optimierungs- und Organisationssucht geworden!

Das traurigste Beispiel ist die Hochzeit unseres Sohnes. Da die Familie der Braut sehr weit weg wohnte, blieb die Organisation der Hochzeit mit spärlichen finanziellen Mitteln an mir hängen. Obwohl ich dachte, dass ich meinen Spaß daran haben würde, verstrickte ich mich in allem möglichen Kleinkram, damit auch wirklich alles perfekt war – bis dann die ganze Feier schließlich an mir vorbeiging. Tage später stürzte ich los, um den Film entwickeln zu lassen, damit ich das prachtvolle Fest, das ich verpasst hatte, wenigstens nachträglich noch ansehen konnte.

Langsam komme ich zu dem Schluss, dass Zeit und Ruhe notwendig sind, um sich den Verlauf entscheidender Situationen zu vergegenwärtigen und sich nach wichtigen und auch weniger wichtigen Ereignissen zu fragen, wie man sich eigentlich dabei gefühlt hat. »Wie war meine Empfindung bei der Überraschungsfete, die ich für meinen Mann gegeben habe?« Und damit meine ich nicht: »Wie ist der Kuchen gelungen? Haben sich die Gäste gut amüsiert? Haben meinem Mann seine Geschenke gefallen? War die Fete besser als die, die er für mich ausgerichtet hat?« Ich meine damit vielmehr: »Wie habe ich mich dabei gefühlt? Hat es mir Spaß gemacht? War die Arbeit stressig oder anregend? Wenn ich die Feier noch einmal organisieren müsste, würde ich das auch wollen? Was habe ich mir dabei für mich gewünscht, und habe ich es bekommen?« Das sind keine Fragen, die wir uns stellen, wenn wir uns ständig nur um andere kümmern und eine eingeübte Rolle spielen.

An dem Regentag damals schwor ich mir nach der Übung, im kommenden Jahr mehr Kreise in meinem Kalender unterzubringen, und heftete den ursprünglichen, mit Kommentaren versehenen Kalender an meinen Kühlschrank, damit ich meinen Vorsatz auch ja nicht vergaß. Ein Schritt auf dem Weg zum Erfolg war, wie ich feststellte, mir selbst gegenüber mehr Einfühlungsvermögen an den Tag zu legen. Ich kenne keine Frau, die sich nicht selbst in Schwierigkeiten brächte, weil sie zu sehr auf die Bedürfnisse der anderen eingeht. Diese Stärke verwandelt sich nur allzu oft in Tatenlosigkeit. Wir breiten unsere Arme aus und öffnen unser Herz, um uns der Probleme und Anliegen anderer anzunehmen, bis es einfach nicht mehr geht. Und dann stellen wir plötzlich fest, dass wir mit Riesenschritten auf eine innere Leere zugesteuert sind.

Meine Lieblingsautorin Clarissa Pinkola Estés spricht in diesem Zusammenhang von dem Komplex, »anderen Menschen alles zu geben«, was sie in ihrem Buch »Women Who Run With the Wolves« noch weiter ausführt:

Frauen nehmen sich ausreichend Zeit, um auf psychische Krisen zu reagieren – und zwar vor allem auf die Krisen anderer. Der Pflege der Beziehung zu ihrer eigenen Seele räumen sie hingegen keine Zeit ein und neigen zudem dazu, die Seele nicht als den wichtigsten Generator für ihre Lebendigkeit und Energie zu betrachten. Viele Frauen handhaben die Beziehung zu ihrer Seele so, als sei sie kein besonders bedeutendes Instrument. Doch wie bei jedem anderen wertvollen Instrument gilt es auch hier, es zu schützen, zu reinigen, zu ölen und zu reparieren. Sonst verrottet es – wie ein altes Auto – und verursacht im Leben einer Frau ein verringertes Tempo, veranlasst sie, auf die einfachsten Aufgaben enorme Energie zu verwenden, bis sie schließlich irgendwo auf einem einsamen Bergpass völlig zusammenbricht, weit weg von der Stadt und einem Telefon. Und dann ist es ein langer, langer Weg nach Hause zurück.

Wie sie Frauen beschreibt, erklärt exakt, weshalb wir nach einem Leben der Fürsorge für andere diesen Schmerz ausprägen. Er stellt sich ein, weil wir uns selbst vergessen haben. In unserem tiefsten Inneren wissen wir, dass unsere innere Stimme kein Gehör findet, dass *wir* aber das einzige Publikum sind, das diese Stimme wirklich braucht. Wir müssen lernen, unser Mitgefühl in die umgekehrte Richtung zu lenken und uns selbst in die Arme zu schließen.
Hunderte von Frauen haben an meinen Wochenenden am Meer teilgenommen, weil sie schließlich zu dem Schluss gelangt sind, sich nicht mehr aus ihrem eigenen Leben ausklam-

mern zu wollen. Am Anfang des Seminars erklären sie immer, weshalb sie gekommen sind. Einige erzählen von einem bedeutenden Ereignis, das ihr Leben auf den Kopf gestellt hat – der untreue Ehemann, der Tod von Sohn oder Tochter, der Eltern oder eines guten Freundes, der Umzug in eine andere Stadt, plötzliche Arbeitslosigkeit, eine Scheidung ... Die meisten sprechen jedoch einfach von einem ständigen Gefühl der Unzufriedenheit. Sie reden von ihrem Bedürfnis auszuspannen, Kraft zu schöpfen und sich zu regenerieren. Sie sind auf der Suche nach einem Sinn, wollen wieder träumen, in ihrem eigenen Leben präsent sein und ihr Selbstvertrauen zurückerobern. Einige möchten einfach nur Spaß haben, ihrem Alltagstrott entfliehen, aus festgefahrenen Gleisen ausbrechen. Doch welche Gründe auch immer vorhanden sind, sobald die Karten offen auf dem Tisch liegen, begleite ich diese Frauen durch die Kalenderübung, und damit ist ihr Schicksal besiegelt. Wie bei mir damals auch, sind ihre Kalender voll von Kästchen, und sie können nicht leugnen, dass der Verlust ihres Selbst für ihren Schmerz verantwortlich ist. Manche wussten das gefühlsmäßig schon vorher, manche nicht. Jedenfalls wird ihnen zu dem Zeitpunkt klar, dass sie eines herausfinden müssen, um ihren Schmerz zu lindern: Wer sie sind und wer sie sein wollen.

Der vollgestopfte Kalender

Wie würde Ihr Kalender aussehen? Könnten Sie spannende Erinnerungen eintragen oder wäre da – wie bei so vielen von uns – einfach eine Leerstelle, schlicht und einfach nichts? Und bedenken Sie Folgendes: Diese Übung hat den Zweck herauszufinden, woran Sie sich *nicht* erinnern, denn das bedeutet, dass Sie in Ihrem Leben praktisch nicht anwesend sind; außerdem soll die Übung Ihnen vermitteln, wie wenig Sie für sich selbst tun.

Nehmen Sie sich nun eine halbe Stunde Zeit, um das vergangene Jahr Revue passieren zu lassen. Womit Sie anfangen, ist egal. Greifen Sie einen Monat heraus und versuchen Sie – ohne in Ihren Kalender zu schauen –, sich an Unternehmungen, Ereignisse und Vorfälle zu erinnern, die mit Ihnen, Ihrem Beruf oder Ihrer Familie zu tun hatten.

Januar ....

....

....

Februar ....

....

....

März ....

....

....

April ....

....

....

Mai ....

....

....

Juni ....

....

....

Juli ....

....

....

August ....

....

....

September ....

....

....

Oktober ....

....

....

November ....

....

....

Dezember ....

....

....

Nachdem Sie so viele Ereignisse aufgelistet haben, wie Ihnen eingefallen sind, machen Sie jetzt ein Kästchen □ um alles, was stressig war, ein Dreieck △ um das, was belebend war, ein Herz ♡ um alles, was mit Ihrem Partner oder mit der Familie zu tun hatte, und einen Kreis ○ um all das, was nur für Sie allein war. Beantworten Sie jetzt folgende Fragen:

- Wie empfinden Sie das vergangene Jahr?

....

....

....

....

- Was hat Ihnen Freude bereitet?
  Auf welche Weise und warum?

....

....

....

....

- Welche Erfahrungen waren schmerzlich für Sie? Weshalb?

....

....

....

- Wurden Ihnen die meisten Ereignisse von außen auferlegt oder haben Sie sie selbst herbeigeführt?

....

....

....

Studieren Sie nun Ihren Kalender. Machen Sie sich bewusst, dass es Ihr Ziel ist, an einem Leben teilzuhaben, das sich nicht definiert durch die Rollen, die Sie spielen, und die Dinge, die Sie tun, sondern durch die Freude, die Sie dabei erfahren.

Auswertung des Kalenders

Eine Frau aus Maryland, die an einem Wochenendseminar teilgenommen hat, erklärt den Wert dieser Übung am besten: »Diese Kalenderübung hat mich wirklich schockiert. Ich konnte mich an rein gar nichts im vergangenen Jahr erinnern, außer dass ich ständig beschäftigt war. Jetzt ist mir deutlich geworden, wie schnelllebig unser Dasein ist, und ich bin mir bewusster, was ich tue und wie ich eigentlich lebe. Ich habe mir eine Packung selbstklebende Sterne gekauft. Jedes Mal, wenn ich etwas Erfreuliches für mich tue, dann klebe ich so einen Stern in meinen Kalender.«

Der Wert dieser Kalenderübung ist nicht für jeden einsichtig. Bei einem meiner ersten Retreats brachte eine Frau ihre recht ablehnende Freundin mit. Sie dachte, das Wochenende und was ich vermitteln wollte, hätte mehr mit Beziehungen zu tun, und sie führte eine glückliche Ehe. Sie absolvierte also den ersten Teil der Übung und konnte sich mühelos an die Ereignisse des vergangenen Jahres erinnern. Aber als sie dann ihren Kalender mit Anmerkungen versehen sollte, büßte sie plötzlich an Elan ein, und ich sah, wie sie die Fassung verlor. Ich warf einen Blick auf ihr Blatt: Jede Menge Kästchen und Dreiecke, oft um das gleiche Ereignis. Herzen gab es nur wenige und Kreise fast gar keine. Als wir alle fertig waren, hob sie als Erste die Hand. Ihre Stimme überschlug sich fast, als sie zu der Gruppe Folgendes sagte:

»Das darf doch nicht wahr sein! Ich komme mir total dämlich und wie eine Verräterin vor. Ich hatte immer gedacht, dass die Abende, an denen ich gemeinsam mit meinem Mann irgendwelche Veranstaltungen besucht habe, wertvoll für mich waren. Aber einfach einmal innezuhalten und mich zu zwingen, mir zu überlegen, was ich getan habe und wie es mir dabei gegangen ist – ob es eher stressig oder belebend war, ob es mit mir zu tun hatte –, ließ mich erkennen, wie wenig ich deshalb mache, weil ich wirklich Lust dazu habe. Ich habe bloß zwei Kreise in meinem ganzen Kalender – das Wochenende, an dem ich mit meiner Schwester ihren Garten neu bepflanzt habe, und die Zeit, die ich jetzt hier verbringe. Ich habe plötzlich das Gefühl, als würde ich an meinem eigenen Leben nicht teilnehmen.«

Wie Sie sich auch fühlen mögen, wenn Sie mit der Kalenderübung beginnen, sie kann zu einem Katalysator werden, der eine Veränderung bewirkt. Für die meisten Frauen, die ein Gefühl der Leere empfinden, aber nicht wissen, warum, bedeutet sie ein Erwachen.

Da ich mir meiner Zeit nun bewusst bin – ich weiß, wie viel mir zur Verfügung steht, ich sammle Momente, lebe wirklich im Hier und Jetzt –, ist mein Kalender nun im Vergleich zu vor neun Jahren sehr ausgewogen und beinhaltet sowohl stressige als auch belebende Augenblicke. Außerdem kommen viele Ereignisse vor, die wirklich mit mir zu tun haben. Und eines ist auch noch interessant: Die Frauen, die die meisten Kreise in ihrem Kalender haben, reden davon, eine Auszeit zu nehmen und eine ungewöhnliche Reise zu unternehmen, sich mit alten Freundinnen zu treffen oder Körper und Seele zu fördern, indem sie beispielsweise für einen Marathon oder Abenteuersport trainieren.

Der springende Punkt ist, dass wir lernen müssen, uns zu akzeptieren und uns auf uns selbst zu konzentrieren. Kleinere Aktivitäten, wie sich im Urlaub einmal eine Massage zu gönnen, sich in einem üppigen Schaumbad zu aalen, anstatt den Abwasch zu erledigen und es sich im Bett mit einem Stapel Zeitschriften gemütlich zu machen, sind als erste Schritte gut geeignet. Doch letztlich wird man sich auch harte Fragen stellen müssen hinsichtlich seiner Ziele, Bedürfnisse, erlittener Schäden und Möglichkeiten, mehr Freude zu erfahren. Momentan ist es allerdings ausreichend, einfach einmal in der kommenden Woche einen Tag für sich allein einzuplanen.

Ein erfülltes Leben muss kultiviert werden, und die meisten Frauen brauchen eine Auszeit, um ihren Geist, ihren Körper und ihre Seele zu regenerieren. Wir müssen lernen, unsere *inneren Jahreszeiten* zu erleben – wie jede junge Pflanze auch –, um neue Früchte zu tragen. Egal ob Sie dreißig, vierzig, fünfzig oder sechzig Jahre jung sind, der Zeitpunkt ist gekommen: Jetzt! Der schwierigste Schritt ist bekanntlich immer der erste. Und es braucht ja kein großer zu sein, aber Sie müssen weitergehen und die Tür beherzt öffnen.

Abschließende Zusammenfassung des Kapitels

- Erkennen Sie, dass Sie in die Irre gegangen sind.
- Gestehen Sie sich Ihren Schmerz ein und ergründen Sie ihn.
- Setzen Sie sich mit Ihrem Kalender auseinander.
- Verwöhnen Sie sich.

»Aber« versus »und«

Nachdem ich letztes Frühjahr von einer dreiwöchigen Lesereise quer durchs Land zurückgekommen war, hörte eine liebe Freundin die Erschöpfung in meiner Stimme und riet mir voller Mitleid, doch unbedingt eine Woche freizunehmen. Ich lachte und sagte: »Ja, aber am Mittwochabend muss ich meine Bücher signieren.« Sie unterbreitete mir noch weitere Vorschläge, wie ich mich entspannen könnte; sie schlug mir sogar vor, vorbeizukommen und mir etwas zum Abendessen zu bringen, samt einer Flasche Wein. Ohne Erfolg. Ich konnte an nichts anderes als an die Signiernacht denken und daran, dass sie mir die Möglichkeit vermasselte, eine Woche Zeit nur für mich selbst zu haben. Ich steckte fest im Ich-will-Modus und konnte mich nicht in den Ich-bin-Modus bringen; ich hatte nur Einwände parat: *aber.*

Was wäre passiert, wenn ich zu meiner Freundin gesagt hätte: »Ja, ich brauche wirklich eine Woche Urlaub. Danke, dass du dir so viele Gedanken machst. Und ich muss am Mittwochabend noch meine Bücher signieren.«? Als Erstes wäre der Ton bei unserem Gespräch ganz anders gewesen – freundlicher nämlich. Meine Freundin hätte sich nicht abgelehnt gefühlt, und ich hätte mich auch besser gefühlt, weil ich einfach nur netter gewesen wäre. Zweitens hätte ich erkannt, dass mir durchaus Wahlmöglichkeiten bleiben. Ich hätte entweder das Büchersignieren als Bestandteil meines einwöchigen Urlaubs betrachten oder die Entscheidung treffen können, nicht hinzugehen. Schließlich ist es meine Sache, wie ich mir meine Woche gestalte.

Wie oft stellen Sie fest, dass Sie eine Freundin um Rat fragen und dann, bevor die Antwort noch über ihre Lippen kommt, Sie ihr auch schon das Wort abschneiden und sagen: »Aber das geht ja gar nicht, weil ...« Oder: »Aber ich kann mir gar nicht vorstellen, das so zu machen.«? Wir meinen, dass wir einen Anstoß von außen brauchen und neugierig auf die Ideen von anderen sind, doch unserer Reaktion ist dann klar zu entnehmen, dass wir eigentlich gar nicht bereit sind, einen Schritt nach vorn zu machen oder zu versuchen, unser Problem anders anzugehen.

Es liegt wohl in der Natur des Menschen, dass er seine eigenen Entscheidungen treffen und sein Schicksal selbst in die Hand nehmen will. Aber wenn wir feststecken, wenden wir uns gern an andere, damit sie uns aus unserer Misere heraushelfen. Der Kunstgriff ist, ausreichend loszulassen, um neue Alternativen überhaupt in Erwägung ziehen zu können. Viele meiner Freundinnen haben mich um Rat gebeten – zur Übung sozusagen. Es macht ihnen Spaß, das Pro und Kontra einzuholen, um anschließend auf dieser Basis eine eigenständige Entscheidung zu fällen. Wenn ich dann meinen Standpunkt darlege und sie meiner Sichtweise widersprechen oder das Wörtchen *aber* ins Spiel bringen, weiß ich allerdings immer, dass sie auch nach unserem Gespräch noch in derselben Klemme stecken werden. Einer der Gründe, weshalb dieses *Aber* uns so schnell über die Lippen kommt, ist wohl, dass wir dann nicht handeln müssen. Warum sich auf das konzentrieren, was wir wollen, wenn unsere gegenwärtige Situation eigentlich erheblich einfacher ist? Wir müssen uns dann nicht weiterbewegen. Und wie sollen wir uns überhaupt entwickeln, wenn wir vergessen haben, unsere Bedürfnisse und Wünsche ausdrücken zu können?

Aber ist ein Wort, das Einhalt gebietet. Stopp! Wir benutzen es ganz zwangsläufig, wenn wir versuchen, einen Prozess zu verlangsamen, etwas aufzuschieben und die Situation, in der wir uns befinden, momentan nicht zu verändern. Wenn Sie Ihre *Aber*-Reaktion in eine *Und*-Reaktion umwandeln, arbeiten Sie darauf hin, sich zu öffnen und neue Möglichkeiten in Betracht zu ziehen. *Und* ist einschließend – die Dinge bleiben in Bewegung – und ein Signal, dass ein Mensch willens ist, Ideen aufzugreifen, anstatt Handeln zu unterbinden; eine Veränderung in Erwägung zu ziehen, anstatt dem Vertrauten anzuhaften. Nach der Unterhaltung mit meiner Freundin experimentierte ich ein bisschen mit meiner Auffassung und kam zu dem Schluss, dass ich durch eine Veränderung meiner Sprechweise – und meines Denkens – glücklicher sein konnte. In diesem konkreten Fall wollte ich mich nicht auf die Tatsache konzentrieren, dass ich nicht eine ganze Woche freinehmen und im Bett bleiben konnte, sondern darauf, dass ich ein erfülltes, reiches Leben führe. Dass die Menschen meine Bücher kauften und es ihnen wichtig war, mich auch persönlich kennenzulernen. Ich verwandelte die Hürde in ein Kompliment, das ich mir selber machte, und überprüfte dann den restlichen Kalender, um zu sehen, welche anderen Aktivitäten sich streichen oder anders arrangieren ließen.

Wenn Sie das nächste Mal jemanden um Rat bitten oder sich mit jemandem unterhalten, beobachten Sie, wie viele *Aber* in dem Gespräch vorkommen. Machen Sie sich eine geistige Notiz, wenn Sie das *Aber* benutzen, und überlegen Sie in einer ruhigen Minute, auf welche Weise Sie damit Ihre Gedanken, Ideen oder Handlungen abgeblockt haben. Nach einer Weile sollten Sie versuchen, das Wort *aber* gar nicht mehr zu verwenden, und schauen, welche Auswirkungen das auf Ihren Alltag hat.

Wenn wir in der Klemme stecken, haftet der freien Wahl etwas Bedrohliches an, da sie Veränderung in sich birgt. Akzeptieren Sie jedoch Ihre Macht, eine Wahl oder Entscheidung treffen zu können, setzen Sie einen Prozess zu mehr Offenheit und Freiheit in Gang.

Die Macht der Sterne

Eine schnelle und einfache Möglichkeit sicherzustellen, dass Sie sich Zeit für sich selbst nehmen, ist, ein Päckchen mit selbstklebenden Sternen zu kaufen und sie mit dem Kalender zusammen aufzubewahren. Jedes Mal, wenn es Ihnen gelingt, einen Moment dem Alltag zu entfliehen, kleben Sie einen Stern auf den betroffenen Tag. Sie werden sich wundern, wie schnell Ihr Kalender zu glitzern anfängt!

Eine meiner Freundinnen, der es schier unmöglich war, sich selbst die höchste Priorität einzuräumen, ließ sich diese einfache Idee einfallen. Sie sah gern die funkelnden Sterne und arbeitete bewusst daran, immer mehr in ihren Kalender zu kleben. Und als ihre Kinder sie dann einmal fragten, weshalb ihr Kalender über und über mit Sternen bedeckt sei, erklärte sie, dass sie die Zeiten darstellten, wenn ihre Mama sich auf sich konzentrierte und sich nicht um andere kümmerte. Wenn die Mama dann ihre Nägel manikürte, eine lange Radtour unternahm oder einen Nachmittag mit Freunden verbrachte, erinnerte ihre Familie sie immer daran, auch gleich wieder einen Stern einzukleben.

Die Macht der Sterne ist die einfachste und schnellste Möglichkeit, den Prozess der Eigenfürsorge einzuleiten.

Freitag

RÜCKZUG –
EINE NOTWENDIGKEIT

Individualität beginnt mit dem Weggehen

»Eine Frau muss selbst mündig werden. Sie muss allein ihre wahre Mitte finden. Sie muss ein Ganzes werden.«

ANNE MORROW LINDBERGH

Ein Argument für das Alleinsein

Neun Jahre sind vergangen, seit ich mein Jahr am Meer verbracht habe. Familie ist gekommen und gegangen, meine beiden Söhne sind Vater geworden, mein Mann erlebte eine Phase des Wandels, meine Mutter zog aufgrund ihrer zunehmenden Gebrechlichkeit in unsere Nähe, und beruflich habe ich zu viele Termine. Es hat sich vieles verändert, aber eine Leidenschaft ist geblieben – mein Bedürfnis, mich zurückzuziehen und jeden Tag eine Weile die Einsamkeit zu suchen, um präsent, konzentriert und geistig aufgeschlossen zu bleiben.

Im Rahmen meiner Gespräche mit Frauen im ganzen Land versuche ich, ihnen zu helfen, die Vorteile des Alleinseins und des Rückzugs zu verstehen. Denn nur wenn wir alleine sind, haben wir die Fähigkeit, unser Leben und unsere Vorstellungen selbst in die Hand zu nehmen und *den Schmerz* zu lindern. Aber wie kann eine Frau mit einem vollen Terminplan zu Einsamkeit und Stille finden? Es gibt nur einen Weg: Sie

zieht sich zurück. Sie nimmt das Wagnis auf sich, sich aus Verantwortungen, Aktivitäten und der Alltagsroutine auszuklinken, um im Hier und Jetzt anzukommen und innere Ruhe zu erlangen.
Es war bereits die Rede davon, wie beschäftigt wir sind, von unserer Aufmerksamkeit anderen gegenüber und von *dem Schmerz,* den wir alle empfinden, aber es ist wichtig, noch etwas anderes zu berücksichtigen – unser Unvermögen, uns angemessen Zeit und Raum zu nehmen, um die unumgänglichen Höhen und Tiefen des Lebens auch zu würdigen. Schauen Sie sich einmal Ihren Kalender vom letzten Jahr an. Wie viele der Ereignisse, die Sie aufgelistet haben, hatten mit weitreichenden Veränderungen zu tun, also mit einer Zeitspanne, in der etwas passiert ist, das mit Ihrem Gefühl gegenüber Ihrem Selbst oder Ihrem Aufenthaltsort zu tun hatte? Und was noch wichtiger ist: Haben Sie sich nach solchen Veränderungen Zeit allein für sich genommen, um das Geschehen und Ihre Gefühle zu verstehen? Oder haben Sie einfach schnell so weitergemacht wie bisher, das Handy in der einen Hand und die Autoschlüssel in der anderen? Ich bin zu der Einsicht gelangt, dass persönliche Veränderungen jedweder Art – ob klein oder groß – unseren Körper und unsere Lebensgeister in einen Schockzustand versetzen können. Ohne Aufarbeitung schlägt dieser Schock Wurzeln, die sich dann um unsere Seele schlingen und ganz unvermeidlich den Schmerz in uns auslösen.
In meinem Fall kamen gleich mehrere Ereignisse zusammen, die meine Lebensgeister bedrängten und mich meine Sachen packen ließen, um nach Cape Cod zu gehen. Der Umzug meines Mannes war sicher der Katalysator, aber auch der plötzliche Tod meines Vaters, dass unsere beiden Jungs aus dem Haus gegangen waren, dass meine beste Freundin nach Maine gezogen war und dass ein Kollege, mit dem ich viele

Kinderbücher zusammen gemacht hatte, mir die Zusammenarbeit aufgekündigt hatte. Die Struktur meines Lebens war unwiederbringlich verändert; nichts war so wie früher. Ich lebte auf fremdem Territorium und wusste instinktiv, dass ich nur dann, wenn ich die Trauer verarbeitete, die unwillkürlich mit einer jeden Veränderung einhergeht, wieder zu meinem Gleichgewicht finden würde. Je mehr Veränderungen in unserem Leben eintreten, desto mehr müssen wir mit Wandel und Schmerz fertig werden. Große und kleine Dinge, die ein Ende finden, hinterlassen Wunden, die geheilt werden wollen, und wer weiß je zu sagen, wie lang das dauern kann?

Als mein Mann und ich in Ostafrika lebten, faszinierte es mich, dass unsere afrikanischen Freunde die Stadt verließen, wenn ein ihnen nahestehender Mensch verstorben war. Die Frage, wann sie zurückkehren würden, erübrigte sich. Sie waren einfach so lange weg, bis die Trauerarbeit geleistet und abgeschlossen war. Auch Henry Taylor wusste von dieser immanenten Logik, als er sagte: »Wer keine Zeit zum Trauern hat, hat auch keine, um zu heilen.« Und doch schreibt unsere Kultur uns vor, Verluste hinzunehmen – sich von Altem zu verabschieden, um möglichst schnell mit dem Neuen fortzufahren. Es hat keinen Sinn, über vergossene Milch zu weinen, was passiert ist, ist passiert. Wie herrlich effizient und produktiv das alles doch klingt!

Man bat mich kürzlich, auf einer Konferenz vor Pflegepersonal im Bereich Onkologie zu sprechen. Eines war mir klar: Wenn jemand etwas von Wandel und Übergängen wusste, dann diese Menschen. Mir ging durch den Kopf, wie sich ihre Tage mit der Pflege von Krebspatienten gestalten mussten – bei einigen trat eine Besserung ein, andere erlitten einen Rückfall, viele starben. Ihre Arbeit ist wirklich ein Segen. Ich schlug diesen Frauen also vor, anstatt immer von einer Krise in die nächste zu schlittern, wenn sie sich mit einem Wandel konfrontiert sahen, einen ruhigen Ort aufzusuchen – bei hellem Tageslicht oder im Dunkel der Nacht. Dort sollten sie dann weit weg von ihren beruflichen Pflichten einen Moment innehalten und durchatmen, über das Geschehene nachdenken und auch über die Rolle, die sie dabei gespielt hatten, sowie über die Gefühle, die sich in dem Zusammenhang eingestellt hatten. Nach meinem Vortrag baute es mich auf, als mehrere Krankenschwestern mit einer neuen Strategie auf mich zukamen: Sie wollten sich am Anfang ihres Dienstes im Schwesternzimmer treffen, sich im Kreis aufstellen, an den Händen halten und einander mit der Atmung Energie zuführen, um sich so auf den anstrengenden Tag vorzubereiten.

Als ich diese Geschichte einer Freundin erzählte, setzte sie sich kerzengerade hin und sagte: »Stimmt. Die Pause – die vergessen wir immer. Wie können wir zurechtkommen, wenn wir uns nie wenigstens einmal einen Moment eine Pause gönnen?«

Ein Rückzug oder Retreat ist eine Art Pause – es handelt sich um eine Zeit, die man allein für sich verbringt; um einen wertvollen Zeitraum, in dem wir unsere Welt in einem anderen Licht sehen – und das Traurige akzeptieren, das Schöne feiern und unsere Einzigartigkeit würdigen, und zwar ohne uns Sorgen zu machen, wie andere uns sehen oder was wir noch alles zu erledigen haben. Für mich ist so ein Rückzug eine Zeit, um Spannungen zu ertragen, um zu finden, nicht um zu suchen, sondern um zu schätzen, was sich zufällig ergeben hat, um Körper und Seele zu reparieren, um geduldig abzuwarten und sich aktuellen Fragen zu stellen. Es handelt sich um eine Zeit, in der man sich mit der Stille vertraut macht – diese Freundin, die wir so lange auf Distanz gehalten haben; um eine Zeit, in der wir uns der Weite eines Tages öffnen; um eine Zeit, in der wir auf der anderen Seite, in einer anderen Welt leben, wo sich der Geist, tiefgründige Gedanken und eine neue Art Wunder entfalten können. Vor allem ist ein Rückzug jedoch eine Zeit, in der wir all unsere Erfahrungen und deren Auswirkungen auf unser Innerstes würdigen können.

Webster's Dictionary definiert »Retreat« als »Akt oder Prozess des Rückzugs ... als ein Zurückweichen von einer Position« an einen Ort, wo Frieden, Intimsphäre und Sicherheit notwendig sind. Mir persönlich gefällt die Erklärung von Jennifer Louden besser, die den Begriff als »Akt der Selbstfürsorge, als radikalen Sprung in die heiligen Hallen der Individualität« beschreibt.

Zur Kennerin von Selbst und Seele werden

Die Frauen, die mit mir für ein Wochenende an die Küste von Cape Cod reisen, kommen dorthin, weil ihre Intuition ihnen sagt, dass sie erwachen müssen. Dass sie sich durch den trüben Schleier der Geschäftigkeit kämpfen und zugeben müssen, dass sie – wie der amerikanische Dichter Robert Frost es ausdrückt – »sich in einem solchen Ausmaß verirrt haben, dass sie nun wieder zu sich finden können«. Kurz gesagt: Sie sind bereit, sich von einem Leben zu befreien, das andere ihnen übergestülpt haben, und wollen es nun selbst mit Freuden gestalten und *ihre* Vorstellungen umsetzen. Es befriedigt sie nicht mehr, die Wünsche aller anderen zu erfüllen, ihre eigenen aber zu vernachlässigen. Sie sind Heldinnen, die nun akzeptiert haben, dass sie, um zu sich selbst zu finden und um wieder Zugang zu ihren lang begrabenen Träumen und Wünschen zu bekommen, einen Schritt Abstand von dem Durcheinander und dem Geschwätz des täglichen Lebens nehmen und die Einsamkeit suchen müssen.

Am Freitag, wenn ich diese Frauen zum ersten Mal sehe und begrüße, gebe ich mir die größte Mühe, sie zu loben, und zwar allein schon, weil sie von zu Hause weggegangen sind. Viele haben Menschen zurückgelassen, die sie für egoistisch halten. Andere haben ihre kleinen Kinder daheim bei einem Babysitter oder bei ihrem verwirrten Ehemann gelassen. Sie haben einfach ihr Auto stehen lassen, bei dem eigentlich die Bremsen hätten erneuert werden müssen, sie haben einen Stapel unbezahlte Rechnungen liegen lassen, haben einen leeren Kühlschrank, einen Garten voller Unkraut zurückgelassen. Aber sie kommen mit Entschlossenheit und großen Erwartungen, was da nun auf sie zukommen mag. Es ist, als hätten sie sich in ein Universitätsseminar eingeschrieben, das allein für sie konzipiert wurde. Sie sind hier, um zu Kennerinnen ihres Selbst und ihrer Seele zu werden – um ihre Stärken, ihre Schwächen, Irrtümer und Triumphe zu studieren. Aber dennoch bedarf es des Mutes und einer wilden Entschlossenheit, um der vertrauten Routine und dem bekannten Beziehungsgeflecht den Rücken zu kehren. Eine Frau, die an dem Retreat teilnahm, schrieb mir Folgendes:

Viele Veränderungen in meinem Leben führten dazu, dass ich mich nach Behaglichkeit, Vertrautheit und Sicherheit sehnte. Ich dachte, dass ich Sicherheit und Gesundheit nur an Orten, in Menschen und Routine finden könnte, die keinen Raum für Unbekanntes ließen. Eines ist mir dabei jedoch entgangen: Mein Entschluss, mich an Vertrautes zu klammern, raubte mir jegliche Lebensgeister. Allmählich kam ich auf den Gedanken, dass ich wohl mehr brauchte als nur Planbarkeit. Eine Möglichkeit, meiner vernachlässigten Seele neues Leben einzuhauchen, war, meine Rollen abzuschütteln und mir einen Freiraum zu schaffen, um mich wieder mit mir selbst verbinden zu können. Etwa zu dieser Zeit las ich »Ein Jahr am Meer« und beschloss, so ein Wochenend-Retreat mitzumachen.

Dieses erste Retreat beunruhigte mich sehr stark. Ich hatte Angst, meinen Alltagstrott zu verlassen, weil er mir Sicherheit gab. Es fiel mir besonders schwer, mir all den Wandel anzuschauen, denn ich hatte Angst, Trauerarbeit leisten zu müssen; so viel war mir klar. Aber eine gedämpfte Stimme in meinem Innersten wollte schier brüllen: »Rette mich« – und ich hörte auf sie.

Es ist immer ein Risiko, etwas Neues zu machen und ein System über Bord zu werfen, aber um uns zu entfalten, müssen wir uns die Zeit nehmen, unsere Tiefe zu kultivieren und uns an den inneren Ort zurückziehen, wo so viele Quellen begraben liegen. Damit neuer Sinn zutage tritt, müssen wir es wagen, eine Reise entlang der unvorhersagbaren, unvollendeten Kanten in unserem Leben zu unternehmen, und – zumindest eine Weile – alleine sein.
Sind Sie bereit, all das zu erkunden, was in Ihrem Leben und in Ihrer Seele unvollendet geblieben ist? Ein günstiger Anfang ist, sich einmal anzusehen, wie Ihr Leben Sie in diese Position einer Suchenden gebracht hat, indem Sie die Auswirkungen abschätzen, die das Auf und Ab des Lebens auf Ihre Psyche hatten. Beantworten Sie nun also die folgenden Fragen, dann werden Sie die Gründe erkennen, weshalb Sie mehr Zeit für sich anstreben sollten.

- **Ist in den vergangenen ein oder zwei Jahren eine Beziehung zu Ende gegangen?** *Ist Ihr Mann oder Lebensgefährte verstorben, ein Freund weggezogen, hat eines Ihrer Kinder das Elternhaus verlassen? Haben Sie sich von jemandem entfremdet, der Ihnen sehr nahe gestanden ist? Ist ein Haustier gestorben, oder hat eines Ihrer Kinder geheiratet?*
- **Hat sich Ihr häusliches Umfeld verändert?** *Ist Ihr Ehemann oder Lebensgefährte in Rente gegangen oder arbeitslos ge-*

worden und nun ständig zu Hause? War jemand krank und brauchte Ihre Fürsorge? Sind Sie umgezogen, haben umgebaut oder haben Sie sich wieder verheiratet?

- **Haben Sie eine persönliche Veränderung erlebt?** *Eine Krankheit, Erfolg oder Misserfolg, eine Diät oder ein neues Fitnessprogramm, eine Schlafstörung oder finanzielle Probleme?**

Jede dieser Veränderungen stört das Gleichgewicht im Leben eines Menschen. Geben Sie sich einen Punkt für jeden Wandel. Haben Sie mehr als vier Punkte plus einen Kalender voller Kästchen, ist das Beweis genug, dass es Zeit für einen Rückzug ist.

Wenn Sie bereit sind für Ihr erstes Retreat, müssen Sie willens sein, ein beträchtliches Zeitpaket einzurichten, um herumzuschlendern, sich von der Vergangenheit zu befreien und sich von Ihren derzeitigen Sorgen und Verpflichtungen zu lösen. Dazu ist sorgfältige Planung notwendig, dafür profitieren Sie dann aber Ihr ganzes Leben lang davon.

Das Retreat einer Frau

Vor ein paar Monaten kam Denise, eine Frau, die nicht nur ein Wochenende am Meer verbringen wollte, in meine kleine Pension. Bis dahin hatte sie ihr ganzes Leben hinter einer Maske verbracht – immer unsicher, wie sie die kulturellen Maßstäbe, die an Frauen angelegt wurden, erfüllen sollte, ein Opfer ihres eigenen harten Urteils und ihrer Unsicherheit. Ihr Wochenend-Retreat gab ihr einen Vorgeschmack, wie es war, ohne Maske zu leben und einfach nur sie selbst zu sein.

* William Bridges: *Transitions: Making Sense of Life's Changes*

Aber als sie nach Hause zurückkehrte, war ihr klar, dass sie gerade einmal die Spitze des Eisbergs berührt hatte. Als Amerikanerin, die aus der Landesmitte kam, wusste sie vielleicht intuitiv, dass ein kurzzeitiger Rückzug den gleichen positiven Effekt hat, wie wenn man ein Stück Ackerland nicht mehr bestellt, damit die Erde sich regenerieren kann. Sie empfand das Bedürfnis nach einer natürlichen Umstrukturierung ihres Lebens – einer Gelegenheit, ihren Körper und ihren Verstand nach deren Façon eine Veränderung herbeiführen zu lassen.

Den Zeitpunkt wählte sie mit Bedacht: Sie wusste, dass ihr Mann die Hälfte von ihrem sechswöchigen Aufenthalt auf Geschäftsreise war und dass sie ihre Ausbildung mit einem Magister-Diplom in Sozialarbeit abgeschlossen haben würde. Diese Planung erlaubte es ihr, die verschiedenen Anforderungen an ihre Zeit und Aufmerksamkeit zu minimieren und mit einem besseren Gefühl von zu Hause wegzugehen.

Sie kam mit Büchern, einem Fotoapparat, Strickzeug und Trimmgeräten. Anfangs hatte sie das Gefühl, im Urlaub zu sein, und konnte kaum ihrer Schuldgefühle Herr werden, die sie immer wieder überkamen, weil sie einfach so dem Nichtstun frönte. Mein Gast musste viele Hürden überwinden bei dem Versuch, ein Übermaß an Sorgen und Wut abzubauen, doch den größten Kampf führte sie ganz offensichtlich gegen die Zeit ohne jegliche Aktivitäten, die Leere, die sie allein verbrachte.

»Lass dich ereignen«, sagte ich zu ihr, als sie darüber nachsann, wie sie zur Ruhe kommen könnte. »Such dir einen neuen Wald oder Strand und geh ihn erkunden, ganz für dich allein, ohne irgendwelche Leute, die dir den Weg weisen könnten.« Bald sah ich sie jeden Tag zu ihrem Strandspaziergang aufbrechen, danach verbrachte sie eine Weile allein in ihrem Blockhaus, um dann mit dem Rad oder Auto eine Fahrt ins Blaue zu machen. Sie lernte die Kunst, einfach nur so herumzutrödeln, wobei sie ihre Lieblingsplätze entdeckte. Sie wurde zu einem lebendigen Beispiel von Joan Eriksons Logik: »Wir empfangen Weisheit nicht. Wir entdecken sie für uns selbst nach einer Reise durch die Wildnis.«

Denise ließ nicht locker, stellte ihren Mut auf die Probe, während sie im Sand der Provinz herumwanderte und sich auf wackelige Stege wagte oder bloß mit ein paar Kerzen als Lichtquelle ausgerüstet dem Nordwestwind trotzte – ohne Rettung in Sicht. Als ihr die Wälder und die Küste vertrauter wurden, war durch die Risse und Löcher in ihrer Rüstung ein neues Licht zu sehen. Ihr Körper entspannte sich, die Falten in ihrem Gesicht verschwanden, sie schien entschlossener und präsenter auszuschreiten, und auf ihrer Veranda stapelten sich zahlreiche Geschenke des Meeres – Muscheln, Steine, Bojen und Treibholz.

Ein weiterer wichtiger Schritt war, dass sie ihren Tagesrhythmus verändern und alte Gewohnheiten aufgeben wollte. »Ich musste mit der Vergangenheit brechen, und dazu gehörte auch, der Technik zu entsagen«, erzählte sie mir. »Während meines gesamten Retreats mied ich jeglichen Kontakt mit Fernsehen, Radio, Handy oder E-Mail. Ich konzentrierte mich auf das, was ich tat, und wie ich mich dabei fühlte.« Diese radikale Veränderung war sicher schwierig – ein- oder zweimal höchstens ertappte ich sie, wie sie Musik hörte, die aus meinen geöffneten Fenstern drang. Aber auf diese Weise schaffte sie es, sich von der realen Welt zu lösen, wodurch sie gelassener denn je wurde. Mahlzeiten waren eher ein Ritual, als dass sie eine Funktion hatten. Sie hatte früher nur noch auf die Schnelle etwas zu sich genommen und sich nur hin und wieder zu ihrem Mann gesetzt, um mit ihm zu Abend zu essen, und das meistens, während die Nachrichten liefen.

Jetzt deckte sie für sich allein den Tisch, zündete mehrere

Kerzen an und genoss ihren frischen Fisch und das Bio-Gemüse, das sie bei einem Bauern vor Ort gekauft hatte.
Während sie so ihren Verstand und ihren Geist leerte und dabei gleichzeitig ihren Körper ertüchtigte, erfuhr sie immer mehr Bestätigung. Auf einer ihrer Exkursionen ans Ende einer Mole, lernte sie einen Fischer kennen, der sie anstarrte und ausrief: »Also, das ist doch mal eine mutige Frau!« An einem anderen Tag stolperte sie über ein Ruderboot am Strand; auf dem Bug stand das Wort HOFFNUNG geschrieben, und als sie sich hineinsetzte, hatte sie plötzlich das Gefühl, dass sie wirklich von immer mehr Hoffnung erfüllt wurde.
Während sie bei mir wohnte, kam eine andere Frau, die bei mir ein Retreat gemacht hatte, vorbei; Linda hieß sie. Eines Tages aßen wir drei ein Brötchen am Strand und verglichen unsere Aufzeichnungen, weshalb wir alle einen derart drastischen Schritt hatten tun und auf und davon hatten gehen müssen, um unserem Leben eine andere Wende zu geben.
»Ich hatte den Eindruck, weil das Leben um mich herum sich änderte – weißt du, als die Kinder das Haus verließen, mein Mann in Rente ging, die Menopause kam, ja sogar eine schlimme Krankheit –, dass ich mich innerlich ganz automatisch mit ändern würde. Aber das erwies sich als Irrtum«, sagte sie und kicherte amüsiert über ihre eigene Naivität. »Nach meinem ersten Wochenende am Meer kam ich nach Hause und dachte, dass ich mich anders fühlte und mich ausreichend verändert hätte. Aber dann erkannte ich, dass zig solche Wochenenden notwendig sein würden, um wirklich mit diesen Rollen aufzuräumen und mich von der Vergangenheit zu befreien. Wir Frauen können nie wirklich behaupten, dass wir in Rente sind, oder?«, fragte sie und verzog verblüfft das Gesicht. »Wie es scheint, sind unsere Rollen so festgeschrieben, dass sie sich nicht groß verändern lassen – das heißt, bis wir erkennen, welche Arbeit es zu tun gilt, um die eine Person

auszusiedeln und eine andere hereinzuholen! Ich könnte diese Arbeit nie leisten, wenn ich mitten im Leben stehe. Ich muss mich dazu zurückziehen und ganz ich selbst sein.«

»Wie weiträumig das Leben wird, wenn man sich zurückzieht«, staunte ich, und wir alle nickten übereinstimmend. »Sobald wir uns der Normen und Verpflichtungen entledigen, besteht wirklich ein großer Freiraum. Ganz zu schweigen vom Spaß, den es macht, sich nicht in tolle Klamotten zu schmeißen oder sich einfach gar nicht anzuziehen.«

»Aber es waren mehrere Retreats notwendig, bis ich wirklich die Dinge nach meiner Vorstellung machen konnte«, fuhr Linda fort. »Die Zukunft lässt sich nicht auf einen Schlag freilegen. Jedes Mal, wenn ich kam, blieb ich ein bisschen länger, tauschte eine Rolle gegen eine andere aus, bis ich mich schließlich unbelastet und für mich selbst verfügbar fühlte. Es ist nicht mehr so kompliziert, außerhalb des ›Normalen‹ zu sein; das kommt wohl daher, weil ich gedanklich mittlerweile an einem Punkt angelangt bin, von dem aus mir mein eigener Geist den Weg weist.«

Den Rückzug pflegen – und klein anfangen

Es ist wertvoll, den Rückzug in kleinen Stufen zu üben, indem man immer mehr ritualisierte Zeiträume für Alleinsein und Stille herausschlägt. Man braucht kein ganzes Wochenende, um die Erfahrung zu machen, welche Vorzüge ein solcher Rückzug mit sich bringt. Am besten fangen Sie einfach klein an – mit kurzen Augenblicken im Verlauf eines Tages, in denen Sie still und für sich sein können. Mein Buch »Ein Jahr am Meer« vermittelt vielleicht den Eindruck, dass meine Auszeit eine Spontanreaktion war. Das ist jedoch nicht der Fall, ich spielte mit dem Gedanken, seit meine beiden Söhne auf die Highschool gingen. Lange bevor ich so weit war »davonzulaufen«, gönnte ich mir immer wieder einmal ein Mini-Retreat. Eines meiner Verstecke war die katholische Kirche in unserer Stadt – der einzige Ort, wo die Türen nicht verschlossen sind. Ich besuchte häufig das stille Gotteshaus, nahm ruhig auf einer der hinteren Kirchenbänke Platz und arbeitete an meiner Verwirrung und an meinem Schmerz. Wie der christliche Mystiker Thomas Merton einmal sagte: »Es muss eine Tageszeit geben, wenn wir, die wir ständig planen, unsere Pläne vergessen und handeln, als hätten wir solche Pläne gar nicht. Es muss eine Tageszeit geben, wenn wir, die wir ständig sprechen, schweigsam werden.«

Allmählich gestattete ich mir mehr Zeit außerhalb – ich fuhr aus der Stadt heraus in die Natur, »an einen Ort, der es erforderlich macht, für den Fluss des Lebens offen zu sein«, wie der Rabbiner Lawrence Kushner es formulierte, »an einen Ort, der es erforderlich macht, sich selbst gegenüber ehrlich zu sein, und zwar ungeachtet persönlicher Sorgen«. Für mich war dieser Ort ein Park am Hudson River. Anfangs wanderte ich auf den Wegen und sog begierig die herbstlichen Farben auf. Als es dann schneite, nahm ich meine Langlaufski und zog mich tiefer in die Wälder zurück, wo nur noch kleine Tiere lebten. Im Frühling nahm ich mir zum Mittagessen ein Picknick mit und setzte mich inmitten sprießender Bäume ins frische Grün. Diese Stunden, die ich fern von zu Hause allein verbrachte, gaben mir Ruhe und Frieden, und ich hatte das Bedürfnis, sie noch weiter auszudehnen. Es lag rasch auf der Hand, dass ich eine Beziehung zum Alleinsein entwickelt hatte – die Ruhe und Stille, die ich empfand, wenn ich Stunden alleine verbrachte, waren mir wertvoller, als den Psychiater aufzusuchen oder an Workshops oder Seminaren in Sachen Selbstfindung teilzunehmen.

»Aber«, werden Sie nun sagen, »ich habe dazu keine Zeit!«

Unsinn, es findet sich immer Zeit! Genau gesagt: Ein Tag hat 86 4000 Sekunden, und jede Sekunde wartet nur darauf, genutzt, gelebt zu werden. Vielleicht verstehen wir ja nicht, welches Geschenk in Form von Zeit wir überhaupt besitzen, weil wir sie nicht sehen oder anfassen können. Und wenn wir unsere tägliche Ration nicht bestmöglich nutzen, dann empfinden wir letztlich wieder nur *den Schmerz*. Wir alle haben genügend Zeit; wir nutzen sie nur falsch.
Einer der Hauptgründe, weshalb ich nach Cape Cod geflüchtet bin, war, dass mein Leben nicht mein eigenes schien, was auf die Tatsache hinauslief, dass ich keinerlei Kontrolle über meine Zeit hatte – Sekunden, Minuten, Stunden und ganze Nachmittage verstrichen im Dienst von anderen. Es war, als ob ich Zeit ableistete, daran aber nicht teilhatte. Vielleicht fing ich aus diesem Grund ja an, meine Sanduhr zu beobachten: weil ich langsamer treten, mich im Hier und Jetzt aufhalten wollte, auf die Zeit vertrauen und mir welche schaffen wollte. Jedenfalls drehte ich die Sanduhr immer wieder um und sah zu, wie der Sand dahinfloss. Und während also Sandkorn um Sandkorn durch die winzige Öffnung rieselte, wurde ich mir meines Tages allmählich bewusster und fing an, jede Millisekunde zu würdigen – und zwar vor allem, als mir klar wurde, dass der Sand nie nach oben fließt, sondern dass eine vergangene Sekunde unwiederbringlich vorüber ist.
Haben Sie Zeit, zum Friseur zu gehen? Mit einer Freundin am Telefon zu plaudern? Die Wäsche zusammenzulegen? Dann haben Sie auch Zeit, um sie ruhig und still allein mit sich selbst zu verbringen. Ich will Ihnen nicht weismachen, dass alle anderen Aktivitäten, die Ihren Tag ausfüllen, nicht mehr wichtig seien. Ich lasse meine Haare natürlich alle sechs Wochen schneiden und plaudere auch gern mit meiner Familie und Freunden. Aber es gibt immer eine Aktivität, die sich hin und wieder streichen oder kürzen lässt oder die man am bes-

ten gleich komplett aufgibt. Bei mir zu Hause schafft die zusammengelegte Wäsche beispielsweise kaum einmal den Weg in irgendeine Schublade. Jeder, der willens ist, sich zu ändern, kann kurze Augenblicke herausschlagen, um sich eine Weile zurückzuziehen.

- **Wo würden Sie gerne eine Stunde hingehen?** *Versuchen Sie, mindestens zehn mögliche Orte aufzulisten. Diese Orte müssen nicht besonders spektakulär sein, sie sollten Ihnen nur die Möglichkeit bieten, eine Stunde ungestört allein für sich zu sein. Könnten Sie in einen Park, in die Bücherei, ins Bad, in den Garten, in den Zoo, zum Wandern, Radfahren, Angeln, Kajakfahren gehen oder sich in die Hängematte legen oder ins Auto setzen oder sich in Ihr Zimmer zurückziehen?*
- **Wo könnten Sie zwei Tage mit Übernachtung oder übers Wochenende hingehen?** *Das gestaltet sich vielleicht etwas schwieriger, aber versuchen Sie, sich fünf Orte einfallen zu lassen. Denken Sie daran, sich ausschließlich auf den Ort zu konzentrieren und nicht auf die logistischen Probleme, die Sie lösen müssen, bevor Sie dort eintreffen. Wir lähmen uns häufig selbst, indem wir uns über die Hürden sorgen, bevor wir es uns gestatten, die Möglichkeit einer Auszeit auch nur in Betracht zu ziehen. Ich habe aber festgestellt, dass ich immer Wege finde, an meinen Zielort zu gelangen, wenn ich es mir nur richtig vorstellen kann. Pläne zu schmieden gibt einem Kraft, und diese Kraft gibt Hoffnung.*
- **Wo könnten Sie längere Zeit hingehen?** *Lassen Sie Ihrer Fantasie freien Lauf.*
- **Brauchen Sie Hilfe, um sich Ihre Auszeit zu nehmen? Wo könnten Sie diese Hilfe bekommen?** *Schließen Sie auch hier keine Möglichkeit aus. Haben Sie Verwandte, die in*

der Nähe leben? Nachbarn, mit denen Sie einen Handel machen könnten? Ließe sich eine Mischung aus Zeiten zum Spielen und Babysitten organisieren? Wenn der Beruf das Thema ist, welche Strategie verfolgen Sie hinsichtlich Urlaub und Krankheitstage? Welche anderen Pläne hatten Sie für dieses Jahr? Wie viel liegt Ihnen daran, sie auch wirklich umzusetzen? Waren Sie im vergangenen Jahr häufig krank? Ist Ihr Chef in Sachen unbezahlter Urlaub zugänglich?

Werfen Sie immer wieder einen Blick auf diese Listen, während Sie versuchen, Auszeiten in Ihr Leben einzubauen. Die meisten Frauen, die an meinen Wochenendseminaren teilnehmen, legen zu Hause dann enorme Kreativität an den Tag, um Mittel und Wege zu finden, Auszeiten in ihre Woche, ja in ihren Tag einzubeziehen. Aber sie haben auch gelernt, sich dabei langsam zu steigern und ihre Zeit sorgsam zu wählen und jede Gelegenheit gleich beim Schopf zu packen.
Sobald Sie sich wohl fühlen, wenn Sie sich regelmäßig davonmachen, sollten Sie sich bei diesen Retreats auf Ihr Gefühl Ihrem eigenen Selbst gegenüber konzentrieren. Verlassen Sie das Haus und suchen Sie einen der Orte auf, die Sie oben aufgelistet haben. Nehmen Sie nichts mit bis auf ein Tagebuch und etwas zu schreiben. Lassen Sie sich an diesen Ort leiten – an einen Ort, der nach Ihnen ruft. Er kann sich beispielsweise in der Nähe von einem plätschernden Bach befinden oder unter einer Weide; es kann ein Felsen sein, der sich geradezu anbietet, um sich draufzusetzen, oder auch ein Baumstamm. Reagieren Sie auf Ihren Frieden, den geheimen Platz, den besonderen Moment und achten Sie auf alles, was sich Ihnen dort bietet.

- Was hören, riechen oder sehen Sie?

Schlagen Sie Ihr Tagebuch auf und halten Sie fest, was Ihnen in den Sinn kommt – vereinzelte Worte, Gedanken, Erinnerungen an die Vergangenheit. Wenn sich Fragen auftun, schreiben Sie sie ebenfalls auf, aber achten Sie darauf, nicht nach Antworten zu suchen. Lassen Sie sich lieber offen auf die Fragen ein. Es geht um eine Zeit des Entdeckens und Empfangens. Bleiben Sie im Zustand der Stillwasserzeit, diesem Übergangsstadium, in dem alles fließend ist. Stellen Sie fest, dass Sie über das Leben jenseits Ihres Ortes nachdenken, streichen Sie den Gedanken behutsam und konzentrieren Sie sich auf ein Objekt in Ihrer Umgebung. *Still sein und zuhören* lautet die Losung – einem Mantra gleich. Wiederholen Sie diesen Satz oder einen anderen Ihrer Wahl. Sie werden feststellen, dass Sie innerhalb von nur fünfzehn Minuten zur Ruhe kommen. Sobald Sie diesen Zustand erreicht haben, könnten Sie über einiges nachdenken:

- Wonach sehne ich mich?
- Was suche ich?
- Was muss ich aus meinem Alltag entfernen?
- Wovon brauche ich mehr?

Lassen Sie Ihre Gedanken strömen, ohne sie zu bewerten oder zu hinterfragen. Lassen Sie Ihren Verstand ebenso frei umherschweifen, wie Ihre Füße das getan haben. Einige der Antworten, die sich einstellen, werden Sie wahrscheinlich erstaunen. Bevor Sie den Ort Ihres Retreats verlassen, sollten Sie noch feiern, dass es Ihnen gelungen ist, zur Ruhe zu kommen und sich ruhig zu fühlen; dazu eignet sich ein Ritual, mit dem Sie Lob, Dankbarkeit und kleine Fürbitten um weitere Gnade und sanfte Veränderungen zum Ausdruck bringen. Tragen Sie in Ihr Tagebuch ein Lob für Ihr Handeln ein, das Sie an den Ort geführt hat, und für das dort Gefundene; tragen Sie ferner

Worte der Dankbarkeit für das ein, was Sie bereits besitzen, und die Fürbitte um Stärke, das eigene Leben weiterhin ernst zu nehmen. So belohnen Sie sich schließlich selbst.

Die erweiterte Auszeit

Bei jedem Wochenendseminar, das ich veranstalte, fragt mich eine der Frauen, ob ich dafür eintrete, dass wir alle ein Jahr von unserer Familie, Ehe und unserem Zuhause davonlaufen sollen. Linda, Denise und ich waren in der glücklichen Lage, uns längere Zeit zurückziehen zu können und eine Auszeit zu nehmen. Das Ergebnis war die Fähigkeit, von den Anforderungen unseres Alltags völlig Abstand zu nehmen und uns an unserem neuen Aufenthaltsort den zugeflüsterten Anweisungen und Bitten unseres Herzens zu überlassen. Ich glaube, dass jede Frau, die wirklich wieder zu sich selbst finden will, eine Möglichkeit finden muss, sich solch eine erweiterte Auszeit zu nehmen. Aber es brauchen nicht gleich sechs Wochen zu sein oder gar ein Jahr. Ein Wochenende bietet den meisten Frauen, die auf der Suche sind, ausreichend Zeit.

Für die »große Flucht« sollte man den Zeitpunkt gut wählen oder sich ein unerwartetes Ereignis zunutze machen. Wenn die Kinder krank sind, Sie eine Wohltätigkeitsveranstaltung organisieren, Urlaubszeit ist oder Ihr Mann gerade dabei ist, ein großes Geschäft unter Dach und Fach zu bringen, ist das ganz offensichtlich kein günstiger Zeitpunkt, um wegzugehen. Es bedarf sorgfältiger Planung, um die Familie für einige Zeit zu verlassen.

Ein guter Anfang ist zum Beispiel, sich eine Blockhütte oder einen anderen abgelegenen Ort zu suchen und mit ein paar Freundinnen dorthin zu fahren. Planen Sie gemeinsam mit ihnen Zeit für sich am Wochenende ein, und nutzen Sie die gemeinsam verbrachten Stunden, um zu vergleichen, was jede von Ihnen entdeckt hat. Konzentrieren Sie sich dabei auf *Ihre eigene Person* und auf Ihr Ziel, nutzen Sie einander jedoch als Stütze und erleben Sie die Freude, die aus dieser Verbundenheit entsteht.

Entschuldigungen gibt es wirklich keine mehr. Wir vermiesen uns sonst nur unser eigenes Leben. Es ist Zeit, dass wir unsere Grundeinstellung verändern. Fügen Sie das Flair und die Leidenschaft hinzu, nach denen Sie sich so sehnen. Denn, wie die Schriftstellerin Tove Ditlevsen so schön sagt: »In mir lebt ein kleines Mädchen, das nicht sterben will.«

Abschließende Zusammenfassung des Kapitels

- Identifizieren Sie in jüngster Zeit eingetretene Wandel.
- Suchen Sie sich einen Ort.
- Nehmen Sie sich eine Auszeit.

Ich komme aus einer Familie, die auf vier Rädern geboren wurde. Mein Vater arbeitete für eine große Ölfirma, die dafür sorgte, dass wir locker siebzehnmal versetzt wurden. In meiner Kindheit und Jugend hatte ich meistens das Gefühl, nirgendwo richtig hinzugehören; es gab keinen festen Ort für mich. Der einzige Ort, an dem ich mich verwurzelt fühlte, war Cape Cod – eine kleine Halbinsel, die wie ein Haken in den Atlantik hineinragt. Dort fuhren wir jeden Sommer hin, und jedes Jahr hatte ich das Gefühl, eine Pilgerreise zu unternehmen. Mein Bruder und ich spähten während der langen Fahrt aus dem Autofenster, warteten und hielten nach den vertrauten Wahrzeichen Ausschau. Als Erstes fiel uns immer die sandige Erde am Rand der Autobahn auf, dann hin und wieder Marschland, ein Sumpf mit Preiselbeeren oder ein Meeresarm. Und dann überquerten wir schließlich die hohe Sagamore-Brücke und schauten auf die winzigen weißen Segelboote hinunter, die auf dem Kanal dahintrieben. Wenn wir dann schließlich in die Zufahrt zu unserem Cottage einbogen, das wir den Sommer über gemietet hatten, stürmten wir gleich an den Strand hinunter und gelobten – mit überkreuzten Fingern –, uns nicht nass zu machen.

Wallace Stegner erklärte in seinem mittlerweile berühmten Essay »A Sense of Place«: »Kein Ort ist ein Ort, solange dort nichts passiert ist und er nicht zur erinnerten Geschichte geworden ist.« Und zwar zur persönlichen Geschichte, das ist wichtig dabei. Wer so einen Ort besucht, macht die Erfahrung, ihn bereits zu kennen, was jedoch nichts mit Landkarten oder Straßenschildern zu tun hat. Im Fall von Cape Cod geht es um den Duft der Kiefern, um salzige Luft und um Fischsuppe auf dem kleinen Ofen mit den zwei Flammen. Um das Gefühl von Sand in meinen Schuhen und um das Knistern der Lorbeersträucher. Jedes dieser Gefühle katapultiert mich in die Vergangenheit und hüllt mich in Zufriedenheit ein. Es war also kein Zufall, dass ich in Cape Cod Zuflucht suchte.

Die Frage lautet somit: Wo ist *Ihr* Ort? Was gibt Ihnen ein Zeichen? Wohin kehren Sie immer wieder zurück, egal ob real oder in der Erinnerung? Ist es eine ferne Küste oder ein See, wo Sie als Kind oft waren, oder ist es die Weite der Wüste, die mit Kakteen gesprenkelt und von ausgetretenen roten Lehmpfaden durchzogen ist? Vielleicht fühlen Sie sich ja zu den Bergen hingezogen, die Sie verlocken, immer höher hinauf zu klettern? Oder schätzen Sie die dichten Wälder, weil sie so geheimnisvoll sind und Schutz bieten? Egal wie Ihr Ort oder Raum nun konkret aussehen mag, jedenfalls vermittelt er Ihnen wichtige immaterielle Werte wie ein Gefühl von Sicherheit und Wärme, den Wunsch, herumzulaufen und mit Leib und Seele alles zu erkunden. Den passenden Ort zu erspüren und ihn auch aufzusuchen ist der erste Schritt in die richtige Richtung, wenn Sie sich ernsthaft zurückziehen wollen.

Was ich zurückgelassen habe

Die Seminarteilnehmerinnen lassen viel zurück, wenn sie sich entschließen, nach Cape Cod zu fahren. Im Verlauf des Wochenendes, wenn sie mit der Zeit den Wert eines Retreats verstehen lernen, wird ihnen klar, dass Weggehen sowohl ein Geisteszustand ist wie auch ein körperlicher Akt, und dass man manchmal ein Gefühl für die Zurückgezogenheit und seine persönliche Stärke gewinnt, wenn man auch die kleinsten Kleinigkeiten einfach hinter sich lässt. Hier nun – in ihren eigenen Worten – einiges von dem, was die Frauen hinter sich gelassen haben.

- Den Ehemann
- Die Urlaubsfete im Büro und die Notwendigkeit, jedes Jahr Weihnachtskarten zu verschicken
- Den Fernseher
- Die Eltern
- Das Abendessen zubereiten – ich habe meinem Sohn die Telefonnummer von Call-a-Pizza hingelegt
- Den Internet-Lover
- Das Unkraut im Garten und jede Menge neues Springkraut in der Wohnung
- Einen Job
- Fußball am Sonntagnachmittag
- Ein deprimierendes oder giftiges Gespräch
- Dass ich vom Sofa aufstehen muss, weil jemand etwas von mir will
- Einen Streit
- Ein klingelndes Telefon

- Den Vorsitz bei der Eltern-Lehrer-Vereinigung führen
- Die Wäsche
- Den Zahnarzttermin
- Sex am Samstagabend
- Die alljährliche Cocktailparty am Volkstrauertag im Viertel veranstalten
- Schuhe mit hohem Absatz und Strümpfe
- Schmutziges Geschirr
- Lackierte Fingernägel
- Therapie
- Alkohol

Freitagabend

SEIN SELBST ALS ROHMATERIAL ZURÜCKGEWINNEN

Sich wieder zusammensetzen, Stück für Stück

»Wenn Sie nicht mehr weitergehen können, ist es Zeit, zurückzugehen und der Vergangenheit etwas Glanzvolles abzuringen.« DAVID SCHUBERT

Robuste Wurzeln

Vor einer Reise gibt es so viel zu planen und vorzubereiten. Egal wohin ich fahre und wie lange ich bleibe, ich muss meine ganze Energie zusammennehmen und mich darauf konzentrieren, meine Taschen zu packen, die Stapel Arbeit, die ich zurücklasse, zu organisieren und schließlich aus dem Haus zu gehen. Wenn dann die eigentliche Reise beginnt, wird mir klar, dass ich so viel Energie darauf verwendet habe, alles auf die Reihe zu kriegen, dass ich keine Ahnung habe, wie ich überhaupt wegfahren soll. So war es jedenfalls, als ich vor neun Jahren nach Cape Cod kam: Ich hatte weder einen Plan noch ein Vorbild, dem ich nacheifern konnte, und sehr wenig Energie. Eine Weile verließ ich mich auf meine Gewohnheiten, die ich während meiner Ferien hier angenommen hatte, aber sie halfen mir nicht, die Veränderung zu verstehen, die ich in Gang gesetzt hatte, oder herauszufinden, was ich als Nächstes tun sollte. Sie bewirkten, dass ich mich in allen möglichen Aktivitäten erging, aber neue Antworten auf meine bohrenden Fragen lieferten sie mir nicht: Wer war ich nun, nachdem ich davongerannt war? Wie sollte ich mir mein Leben neu einrichten? Welches Material stand mir zur Verfügung, mit dem ich arbeiten konnte?

Eines Tages, als ich müßig im Haus ein bisschen Ordnung schaffte und mir überlegte, was ich mit dem Nachmittag anfangen sollte, blieb mein Blick an einem Bücherregal hinten im Wohnzimmer hängen. Es quoll vor Fotoalben und Erinnerungsstücken schier über. Die Einbände waren alle abgegriffen, und die meisten Bücher hatte man hastig wieder irgendwo hineingeschoben. Meinen beiden Söhnen hatte es immer Spaß gemacht, an verregneten Sommertagen in den Regalen herumzustöbern, aber ich hatte mich ihnen seit Jahren nicht mehr gewidmet.

Instinktiv zog ich ein Album heraus, das mir besonders vertraut vorkam. Mein Bruder und ich hatten es zum fünfundzwanzigsten Hochzeitstag meiner Eltern angelegt und liebevoll Fotos von den großen Ereignissen in ihrem Leben – oder was wir dafür hielten – arrangiert. Ihre Verlobungszeit und der Hochzeitstag, unsere Geburt, Weihnachts- und Geburtstagsfeiern, die Theaterstücke, die wir in der Schule aufgeführt hatten, und unsere Sommerferien. Da waren wir also, wie wir nackt in der Brandung von South Carolina herumtobten oder beim Krippenspiel in der Kirche als kleine Engelchen; oder wir standen stolz neben einem riesigen schiefen Schneemann, den wir mit Feuereifer gebaut hatten. Es gab Fotos im Sommer, auf denen ich fröhlich durch eine kalte Sprinkleranlage renne, waghalsig an einem Turm auf dem Spielplatz baumle oder auf dem Gehsteig vor dem Haus lerne, wie man Himmel-und-Hölle spielt. Auf allen Bildern zeige ich ein selbstsicheres Lächeln, meine Augen funkeln vor Aufregung, und es macht mir sichtlich Spaß, mich kindisch zu verhalten.

Doch etwa nach der Hälfte des Albums schien ich mich verändert zu haben. Das einst so vergnügte kleine Mädchen war pummelig und gesetzt geworden. Ihre Augen funkelten nicht mehr herausfordernd, und sie wirkte verlegen, steif und regelrecht distanziert. Ich fing an, Nahaufnahmen und Fotos, auf denen ich alleine zu sehen war, aus dem Album zu nehmen. Ich legte sie auf dem Wohnzimmerboden so etwa in chronologischer Reihenfolge aus und hoffte, aus mir selbst schlau zu werden. Als ich meine Körpersprache studierte, fiel mir noch etwas auf – wie oft der Hintergrund anders war. Ganz am Ende des Albums hatte meine Mutter über zwei Seiten noch Bilder von den Häusern, in denen wir im Lauf der Jahre gewohnt hatten, verstreut, und ich erinnerte mich noch an den Schmerz, den ich jedes Mal empfunden hatte, wenn wir umziehen mussten. Ich war beim ersten Mal erst sechs oder sieben, und der schreckliche Gedanke, von allem, was mir lieb war, Abschied zu nehmen und weit weg in die Berge von Pennsylvania zu ziehen, hatte mich in Tränen ausbrechen lassen.

Mit jedem weiteren Umzug entwickelte ich bessere Strategien, meine Gefühle zu unterdrücken. Die Fotos zeigten auch, welch eine Meisterschaft ich erlangte, mich umzuschauen und die Sprechweise, Einstellung oder Umgangsformen meiner neuen Klassenkameraden und Freundinnen in der Nachbarschaft abzuschätzen. Ich sah, dass nicht nur die Kulisse sich veränderte, sondern gleichzeitig auch meine Kleidung und meine Frisur. Ich weiß noch, dass ich die ersten Wochen an einem neuen Ort immer damit zubrachte, mich entsprechend anzupassen, denn ich wollte das Gefühl haben, mit dazuzugehören, ich wollte eine Gruppe Freundinnen für mich gewinnen und mich mit der neuen Stadt identifizieren. Aber die ständigen Umzüge dämpften nicht nur meine Lebensgeister, sondern mein Anpassungsbedürfnis unterdrückte auch meine Stimme als Individuum. Ich wurde zu einem Echo der Melodie, die in meiner neuen Umgebung gerade am lautesten gespielt wurde, ich wollte es allen recht machen und vermied jeden Konflikt und jegliche Andeutung von Originalität. Mein Leben bestätigte die Behauptung der Schriftstellerin Wendell Gerry: »Wenn du nicht weißt, wo du bist, dann weißt du auch nicht, wer du bist.« Einige Dinge verändern sich nie, dachte ich mit verzweifelter Ironie. Und da bin ich nun also mit meinen fünfzig Jahren und habe mich wieder einmal entwurzelt – und zwar freiwillig – und fühle mich so verloren und durcheinander wie eh und je.

Ich ging die Fotos immer wieder durch, die nun ständig auf dem Küchentisch auslagen. Meine Kindheit auf diese Weise zu studieren wurde zu einer Sucht. Und wie ein Archäologe, der schließlich auf ein längst untergegangenes Königreich stößt, war ich absolut versessen darauf, auch noch die letzte Scherbe zu finden, um meine Lebensgeschichte zusammenzusetzen. Ich griff nach den verstaubten älteren Alben, deren Einbände schon am Auseinanderfallen waren und die jemand mit Klebstreifen repariert hatte. Darin hatte meine Mutter pflichtbewusst jedes Foto mit dem Namen der Person sowie dem Geburtsdatum oder dem Tag, an dem derjenige nach Amerika gekommen war, versehen. Viele meiner Verwandten waren Einwanderer – meine Großonkel, Tanten und einen Großvater hatte man fotografiert, als sie aus der Schweiz, Deutschland und Schottland in Ellis Island angekommen waren, wo sie mit nur einem Koffer in der Hand und wenig Geld in der Tasche am Strand saßen und noch dazu kaum Englisch sprachen. Aber alle wirkten hoffnungsvoll, und ihre Körpersprache zeugte von Willenskraft, Unabhängigkeit und Beharrlichkeit. Anstatt mir diese Wesensmerkmale zu eigen zu machen, schien ich schlichtweg jeglichen Mumm verloren zu haben.

Wie war es möglich, dass jemand, der aus so einer mutigen

Sippschaft kam, so ausgebremst und aus der Bahn geworfen wurde?

Dieser Blick zurück auf meine Kindheit machte mir klar, dass, wer ich geworden war und wie ich mich fühlte, zum Teil eine Reaktion auf meine Lebensumstände war. Wie es bei so vielen von uns der Fall ist - Männern und Frauen -, hatte ich es zugelassen, dass meine besten Eigenschaften ein Opfer der Umstände geworden waren. In meinem Fall war das besonders einfach gewesen, denn jedes Mal wenn wir den Wohnsitz wechselten, wurde meine Familie noch einsamer. Da waren Fotos von meinem Bruder, meinen Eltern und von mir mit verschiedenen Freundinnen, aber auf nur wenigen kam dasselbe Gesicht zweimal vor. Unsere Familie samt entfernten Verwandten tauchte ein- oder zweimal pro Jahr auf - auf Schnappschüssen im Urlaub oder Fotos von gelegentlichen Besuchen. Den Alben, in denen ich herumblätterte, fehlte es an Kontinuität, an gleichbleibend freundlichen Gesichtern. Es ließ sich unschwer erkennen, dass sich die Verbindung zu meiner Großfamilie aufgelöst hatte, aber was ich dann als Nächstes fand, war eine entscheidende Lektion in Sachen Sichtweise und robuste Wurzeln.

Das schwarze Schaf führt die Herde an

Mir fielen auch Fotos von meiner geliebten Tante Elsie in die Hände, der Schwester meiner Mutter; jemand hatte sie in einen dicken Umschlag gestopft. Ich saß da und starrte sie mit einem breiten Lächeln an. Sie war wild und empörend. Wir alle wollten neben Tante Elsie sitzen und in den besonderen Genuss ihrer Geschichten kommen. Und dennoch brachte ich kaum ein Lächeln zustande, als mein Onkel mich mit ihr verglich. »Sie war kühn, dominant und skandalös - genau wie du«, hatte er einmal gesagt. Ich weiß noch, dass ich rot wurde und mir wünschte, er hätte mich mit einer der freundlicheren, sanftmütigeren Tanten verglichen. Tante Elsie war amüsant, aber sie war auch das schwarze Schaf der Familie und alles, was eine Frau nicht sein sollte. Sie hatte ein uneheliches Kind zur Welt gebracht, es zur Adoption freigegeben und ließ sich zudem von dem Anwalt, für den sie als Sekretärin arbeitete, aushalten.

Als mein Onkel diese Bemerkung fallenließ, war ich noch der Überzeugung, dass ich ein nettes Mädchen war, das sich an die Vorschriften hielt und akzeptiert wurde, doch jetzt erkenne ich, was für ein Kompliment er mir damals eigentlich gemacht hatte. An diesem Punkt in meinem Leben würde ich es bei weitem vorziehen, mit einer schillernden, lebhaften und unkonventionellen Verwandten verglichen zu werden und nicht mit einer Duckmäuserin. Außerdem sollte sich Tante Elsie allen Dramen zum Trotz als unverwüstlich erweisen – eine wahrhaft emanzipierte Frau ein halbes Jahrhundert vor Betty Friedan, einer der Begründerinnen der amerikanischen Frauenbewegung. Zudem lebte sie ihr Leben mit Leib und Seele: Sie bildete sich weiter und reiste mit ihrem Lover um die Welt. Mein Lieblingsbild von ihr hatte jemand an Bord der *Mauritania* aufgenommen, als die beiden nach Europa in See stachen: Sie winkte vom Promenadendeck mit Champagnergläsern in den Händen, und die Luftschlangen flattern nur so. Sie ist in Pelze gehüllt und mit Schmuck behangen. Wie immer grinst Tante Elsie, und in ihren Augen steht der Schalk geschrieben.

Ich hatte dieses Foto lange betrachtet, als mir plötzlich auffiel, dass Tante Elsie und ich die gleiche breite Stirn haben. Ja, wir haben sogar mehr als nur die breite Stirn gemeinsam – wir haben die gleichen Kiefer, den gleichen Knochenbau und das gleiche Lächeln. Ich stand auf, um mein Gesicht im Spiegel zu

prüfen. Ja, wirklich, im Grunde hätte ich es sein können, die da auf dem Schiff steht! Und wenn wir schon den gleichen Knochenbau und das gleiche Lächeln hatten und mein Charakter meinen Onkel damals an sie erinnert hatte, dann war ich vielleicht gar nicht so allein, wie ich gedacht hatte.
Dieses eine alte Foto half mir zu erkennen, dass ganz egal, wie oft ich umzog und wie oft ich meine Frisur änderte oder mir neue Klamotten kaufte, ich doch robuste Wurzeln hatte. Als meine Erinnerungen an Tante Elsie eine neue Qualität bekamen, drängten sich mir auch Erinnerungen an andere weibliche Familienmitglieder auf. Da war einmal die stille, sture Grandma Lee, die stets ihre Handtasche überm Arm trug und für jedes Abenteuer zu haben war. Oder die glamouröse Tante Vallie, die sich ihre topmodischen Kleider aus Resten von Bettwäsche nähte; oder die tapfere Tante Minnie, die nach dem Tod ihres Mannes auf dem Bauernhof in Minnesota blieb, um ihre vier Kinder großzuziehen; oder die unverbesserliche Oma Jo, die aller Bitten der Ärzte zum Trotz einfach nicht mit dem Rauchen aufhören wollte. Die Frauen in meiner Familie waren kühn, amüsant, lebendig, unverbesserlich, mutig, glamourös, unabhängig und willensstark – und es war höchste Zeit, dass ich meinen Genen gerecht wurde. Ich hob also meine Kaffeetasse auf Tante Elsie und meine anderen weiblichen Verwandten, die nicht nur überlebt, sondern ihr Leben in vollen Zügen genossen hatten, ganz egal was jemand sagte oder von ihnen dachte. Und da kam mir ein Plan in den Sinn.

Aus dem alten Selbst ein neues Wesen kreieren

Ich nahm die Truhe an Erfahrungen, die ich von meinen weiblichen Verwandten geerbt hatte, mit Freuden an – um sie zu ehren, aber auch um mich zu retten. Clarissa Pinkola Estés riet mir das auch, als sie schrieb: »Die alten Werte stützen die Seele und die Psyche, selbst wenn man nach ihnen graben und sie aufs Neue lernen muss. Diese alten Gewohnheiten stellen eine Form von Nahrung dar, die nie verdirbt und sich sogar noch mehrt, je öfter man sie aufnimmt. Jedenfalls bedeutet die Nichtnutzung des Erbes und der Gefühlswerte eine Trennung der Frau von ihrer mütterlich-linearen Herkunft.«

Als ersten Schritt schrieb ich die Eigenschaften nieder, die ich bei meinen weiblichen Verwandten am meisten bewunderte, und hängte sie über der Spüle in der Küche auf; sie sollten mich daran erinnern, lockerer zu werden und mich auch etwas nach oben zu strecken. Wenn ich mir *sorglos* aussuchte, blieb ich entweder den ganzen Tag mit einem Stapel Zeitschriften im Bett oder änderte meine ursprünglichen Pläne und ging allein zum Wandern oder Kajakfahren. Wählte ich *wild,* stürzte ich mich nackt in die Wellen, ganz egal wie das Wetter war. Und während mein Jahr am Meer so verging, brauchte ich noch *Unabhängigkeit,* um finanziell zu überleben. Schnell entwickelte ich den *Willen,* mir einen Job zu suchen, und den *Mut,* nicht auf Nummer sicher zu gehen, sondern auf dem Fischmarkt zu arbeiten, bis ich aufgerissene Finger hatte und mir jeder Muskel weh tat. Außerdem war es irgendwie *resolut,* mich im Öffnen von Muscheln zu üben, und *tapfer,* ein Boot zu mieten und allein in North Beach zum Zelten zu gehen.

Mit der Zeit prägte ich eine Warum-eigentlich-nicht-Einstellung aus bei jeder Idee, die mir in den Sinn kam, und ich hatte das Gefühl, dass meine Vorfahren mir aus dem Grab Beifall zollten. Lud jemand mich ein, saß ich nicht da und zögerte, sondern handelte spontan und mit Überzeugung. Ich sagte immer öfter ja, denn ich wusste, dass ich dazu geboren war. Alles veränderte sich, und zwar zum Besseren. Ich hatte mir so etwas wie ein leidenschaftliches Potenzial gewünscht, und nun verfügte ich langsam darüber – und zwar nur, weil ich in der Lage war, die tiefen Reserven meiner Stärke zu erkennen, die mir zur Verfügung standen.

Familiäre Fähigkeiten

Als ich mein Wochenend-Retreat am Meer zum ersten Mal plante, war es gar keine Frage, dass ich eine ähnliche Übung mit ins Programm aufnehmen wollte, und je früher an dem Wochenende sie durchgeführt würde, desto besser war es. Ich bitte jetzt also alle Frauen, mit Fotos und Geschichten von weiblichen Verwandten zu kommen, die sie bewundern. Und am ersten Abend sprechen wir dann über diese familiären Fähigkeiten.

Viele Frauen kommen ohne ein Bild und behaupten, die Aufgabe habe sie überfordert und es sei ihnen einfach niemand eingefallen, als sie versuchten, sich an eine Ahnin zu erinnern, der sie gerne ähnlich wären. Andere strecken sofort die Hand in die Höhe, um ihre ausgewählten Mütter und Großmütter anzupreisen. In vielen Fällen verfügen diese bewunderten Verwandten über hervorragende fürsorgliche Qualitäten – es sind Frauen, die angesichts von Finanznöten, abwesenden Ehemännern oder schweren Krankheiten Durchhaltevermögen an den Tag gelegt haben.

Ich höre aufmerksam zu, versuche, ein paar charakteristische Adjektive zu finden, um sie an einer Tafel festzuhalten. Ich möchte, dass die Frauen alles sehen, was sie aus ihrem »Genpool« ausgraben müssen, gleichzeitig will ich aber auch, dass sie dem Selbstaufopferungssyndrom entgehen. Im Verlauf des Abends kommt dann schließlich immer eine Geschichte auf den Tisch, die die Diskussion auf den von mir beabsichtigten

Kurs bringt. Bei einem Wochenend-Retreat meinte Mary Beth aus Georgia anpreisen zu müssen, wie großartig doch ihre aufopfernde Großmutter war. Aber als sie das gerahmte Bild auf ihrem Schoß anstarrte, wurde ihr plötzlich klar, dass ihre Großmutter zwar die einzige Erwachsene war, die sich um sie gekümmert hatte, gerade diese Frau aber auch verbittert, verärgert und unerfüllt gewesen war.

Mary Beth wurden die Augen feucht, als sie sich erinnerte, wie ihre Großmutter immer in der Küche herumgefuhrwerkt und das Abendessen zubereitet hatte, wobei sie nie jemanden gebeten hatte mitzuhelfen, nie andere aufgefordert hatte, ihr Gesellschaft zu leisten, und auch nie wenigstens ein bisschen Musik dabei gehört hatte. Sobald das Essen fertig war, trug sie es mit militärischer Genauigkeit auf und aß schweigend. Freude kam keine mit ins Spiel. Auf ihrem Totenbett gestand sie Mary Beth, dass sie alles falsch gemacht habe: »Nimm dir mehr für dich, mein Liebes«, sagte ihre Großmutter, »das ist das Mindeste, was du für mich tun kannst.« Je länger sie darüber nachdachte, desto mehr kam Mary Beth zu dem Schluss, dass in ihrem Leben eigentlich ihre Mutter die Heldin war. Die gesamte Familie hatte es ihr übelgenommen, als sie ihren Mann verlassen hatte, obwohl eigentlich jeder wusste, dass sie aus einer von Missbrauch geprägten Beziehung ausgebrochen war. Sie wartete, bis die Kinder aus dem Haus waren, und brannte nach Florida durch. Zum Glück hatte Mary Beth ein Foto von ihrer Mutter dabei. Als sie es aus ihrem Rucksack kramte, ging ein Raunen durch den Raum.

»Das ist deine Mutter?«, rief eine der Frauen aus.

»Das gibt's ja nicht«, sagte eine andere. »Wie alt ist sie denn?«

Alle waren erstaunt über das Bild, das eine Frau in einem leuchtend pinkfarbenen Sommerkleid zeigte, die einen Gehsteig hinunterschlendert und – ihrer Körpersprache zufolge –

frei und zufrieden ist und ganz natürlich lächelt. Niemand wollte glauben, dass sie über siebzig war.

»Ich glaube, ich bin hier, um ihre Energie zu tanken«, grübelte Mary Beth. »Meine Mutter war wagemutig, eine Rebellin, ein bisschen verrückt und mit Sicherheit jemand, der sich an keine Regeln hielt und nett zu sich selbst war. Wenn ich ein paar dieser Eigenschaften besäße, könnte ich sicher eine Kehrtwende vollziehen.« Diese Worte hielt ich sofort an der Tafel fest.

»Ich hatte eine Tante, Maggie hieß sie«, sagte eine andere Frau. »Sie hatte ein polterndes Lachen und ließ sich von nichts und niemandem unterkriegen. Sie trug immer Zigeunerröcke oder sonst irgendwelche exotischen Klamotten. Sie war zweimal geschieden und froh, allein in einem kleinen Apartment zu leben, das sie mit Wandteppichen geschmückt hatte, die sie aus Indien mitgebracht hatte, und Tischen aus Obstkisten, die in Seide eingeschlagen waren. Sie war eine der ersten Vegetarierinnen, die ich kannte, und ich konnte immer mit einem scharfen Currygericht rechnen, wenn ich sie abends besuchte.«

An der Tafel wurden weitere wunderbare Adjektive festgehalten.

»Meine Großmutter Geri war auch so ein Unikat«, sagte Cindi. »In den 1960er Jahren gehörte sie zu den Radikalen, und mit vierundsechzig nahm sie einen Bus und verduftete nach Berkeley. Sie lebte in einem möblierten Ein-Zimmer-Apartment, jobbte als Kellnerin, um finanziell über die Runden zu kommen, und schwenkte Transparente, um gegen den Vietnamkrieg zu protestieren. Alle waren schockiert, vor allem mein Großvater. Ein Jahr später kam sie zurück, um wieder mit ihm zusammenzuleben, allerdings nicht wie zuvor. Er war ein Kontrollfetischist, doch jetzt gestaltete sie ihren Zeitplan nach ihrer eigenen Façon. Sie leitete die Demokratische Partei vor

Ort und mietete einen Bus, um alle ihre neuen Freunde zum Protestmarsch nach Washington zu kutschieren.« Wir fügten an der Tafel die Worte *Unabhängigkeit, entschlossen, radikal* und *wild* hinzu.

Eine Frau erzählte von ihrer Tante Mamie, einer Künstlerin, die nur anhand von Modellen Akte malte und zu diesem Zweck ihr Esszimmer in ein Atelier umfunktioniert hatte. Adelias Tante bereiste die ganze Welt, nachdem sie es in der Armee zum Oberst gebracht hatte. »Wir sagten einfach ›Oberst‹ zu ihr – sie war eine der ersten Frauen mit Dienstrang. Sie kämpfte in mehreren Kriegen und hätte sich nie auf einen Mann verlassen, um sich aus einer Klemme zu befreien.«

Charlotte berichtete, dass sie nicht eine, sondern gleich zwei Großmütter habe, die sich hatten scheiden lassen – vor sechzig Jahren die absolute Ausnahme. Die eine war Organistin in der Kirche und brannte mit einem Burschen vom Chor durch.

Egal wie lange es dauert, bis wir so richtig in Fahrt kommen, im Lauf des Abends verändert sich der Tenor unseres Zusammenseins ganz zwangsläufig. Die Diskussion bedeutet, dass die Phase anbricht, in der die Frauen langsam ihre Wahl treffen. Selbst Frauen, die keine Verwandte anführen können, fühlen sich gestärkt, denn jede Eigenschaft an der Tafel steht für alle zur Verfügung. Sobald jemand die Geschichte von seiner Tante oder Großmutter erzählt hat, kann jeder in der Gruppe auf sie zurückgreifen; familiäre Fähigkeiten sind in Hülle und Fülle vorhanden.

Die meisten Frauen gehen anschließend in dem Glauben zu Bett, dass sie sich nicht nur auf eine unglaubliche Reise gemacht haben, sondern auf eine, die wirklich funktioniert. Bedenken hinsichtlich der Realisierbarkeit haben nachgelassen, der Horizont hat sich erweitert. Die Frauen bekommen nun die Aufgabe, bis zum nächsten Morgen die verschiedenen

Charakteristika, die an der Tafel festgehalten wurden, zu studieren und sich eine oder auch mehrere auszusuchen, die sie künftig für sich wünschen. Ich bezeichne sie als *Intentionen* – nur die Worte bewirken schon einen Ansporn zu einer Verhaltensveränderung. Wenn die Frauen dann am Sonntag abfahren, nimmt jede einen Stein mit nach Hause, auf den ich ihre Intentionen geschrieben habe. Dieser einfache Prozess, die neuen Ziele in Worte zu fassen, macht die angestrebte Veränderung bereits ein Stück konkreter.

Der Fotoapparat blinzelt nie

Welche inspirierenden oder verlockenden Geschichten von weiblichen Verwandten oder auch anderen Menschen fallen Ihnen ein? Auch wenn Sie dieses Buch allein für sich lesen, sollten Sie versuchen, eine Möglichkeit zu finden, diese Geschichten ein paar Freundinnen mitzuteilen. Ein Gespräch bewirkt oft, dass der Verstand unvorhersagbare Wege nimmt und etwas Neues entdeckt oder Erinnerungen sich einstellen. Egal wie Sie vorgehen, Sie werden jedenfalls bei Ihrem Blick zurück, um voranzukommen, mit Sicherheit feststellen, dass Sie wirklich robuste Wurzeln haben.
Suchen Sie jetzt so viele Fotos aus Ihrer Kindheit zusammen, wie Sie nur auftreiben können – vom Kleinkind bis zum Teenager, wenn möglich. Studieren Sie dann Ihre Entwicklung. Achten Sie auf Ihr Erscheinungsbild, die Stimmung und andere wichtige Veränderungen. Es ist hilfreich, die Bilder zu dem Zweck chronologisch nebeneinander auszulegen. Lassen Sie sich so viel Zeit, wie Sie brauchen, um die folgenden Fragen zu beantworten. Vielleicht wollen Sie ja lieber zuerst die Fotos von Ihren Verwandten und anschließend die Bilder aus Ihren Kindertagen anschauen. Wichtig ist, dass Ihre Erinne-

rungen von den Bildern ausgehen, das heißt, dass sichtbare Eindrücke die Gedanken zum Schweifen bringen.
Während Sie die Fotos anschauen, stellen Sie sich folgende Fragen, die Sie dann auch beantworten:

- Was erkennen Sie in Ihrem Gesicht als Kind? Sehen Sie jemanden, der glücklich ist oder unbekümmert – oder jemand Traurigen? Haben Sie sich auf dem Foto in Positur gestellt oder sich versteckt?
- Wo und unter welchen Umständen sehen Sie natürlich aus? Wo wirken Sie gekünstelt?
- Gibt es irgendwelche markanten Veränderungen in Ihrem Aussehen oder Verhalten? In welcher Hinsicht hat sich Ihre Frisur verändert? Wie hat sich der Stil Ihrer Kleidung gewandelt? Mit wem sind Sie auf den Fotos zu sehen?
- Erinnern Sie sich, welche Erfahrung in Ihrem Leben mit der jeweiligen markanten Veränderung einherging? Sind Sie umgezogen, waren Sie im Urlaub, ist mit Ihrer Familie etwas passiert, sind Sie einfach ein Teenager oder erwachsen geworden?
- Lassen Sie nun Revue passieren, wie und wann Sie Ihren persönlichen Lebensweg verlassen und den gesellschaftlich vorgeschriebenen Weg eingeschlagen haben. Wann haben Sie angefangen, die Rollen zu spielen, die man von Ihnen erwartet hat?

Blicken Sie nun noch weiter zurück – auf Fotos von Ihren Eltern, Großeltern, Urgroßeltern, Tanten und Cousinen. Lassen Sie sich wie vorhin von den Bildern zu Erinnerungen anregen.

- An welche Geschichten über diese Verwandten können Sie sich erinnern, und wie haben diese Menschen ihr Leben verbracht?

- Welchen Einfluss hatten alle diese Verwandten auf Ihr Leben?
- Sehen Sie einer Ihrer Verwandten ähnlich? Haben Sie einige ihrer Marotten übernommen?
- Wenn Sie sich erinnern – was waren einige ihrer markantesten Eigenschaften? Haben Sie je in Betracht gezogen, ihr nachzueifern?

Machen Sie nun abschließend eine Liste dieser ausgeprägten Eigenschaften und suchen Sie einen Platz, um sie gut sichtbar aufzuhängen. Wählen Sie jede Woche einen verlockenden Wesenszug aus und eifern Sie Ihrer Verwandten nach.
Diese Übung soll Sie ermuntern, so weit wie möglich in die Vergangenheit zurückzublicken, um Ihren Schmerz zu verstehen, aber auch, um einige der Eigenschaften, die für Sie eine Stärke darstellen, wiederzuerlangen, denn schließlich sind sie in Ihrem »Genpool« ja vorhanden. Sobald Sie die Kraft der familiären Fähigkeiten erkannt haben, können Sie regelmäßig auf sie zurückgreifen. Jedenfalls macht es keinen Sinn, seiner eigenen Selbstverwirklichung Schranken aufzuerlegen.

Die Logik der Lebensphasen

Die Würdigung meiner familiären Fähigkeiten war mir ziemlich lang eine Stütze, und ich spürte, wie ich mich von den Zwängen meines alten Selbstbilds befreite. Doch erst als ich mit Joan Erikson die einzelnen Stadien meines Lebenszyklus durcharbeitete, verstand ich wirklich, wie viel ich mir selbst zu bieten hatte. Joan spornte mich an und schubste mich vom ersten Augenblick unserer Bekanntschaft auf neue Wege, und schon bald nahm ich sie in mein Depot an familiären Fähigkeiten auf. Dann schlug sie eines Tages vor, dass ich noch ein bisschen weiter gehen solle. »Weißt du, meine Liebe«, fing sie an, »du machst ja enorme Fortschritte, was das Kultivieren der verschiedenen Eigenschaften, die du von deinen Verwandten geerbt hast, angeht, aber es ist Zeit, dass du dir jetzt auch einmal die vielen Stärken anschaust, die du allein für dich ausgeprägt hast. Wir alle müssen unsere von anderen unabhängige, eigene Kraft erkennen und spüren, nach dem Sinn in unserem Leben suchen und lernen, dass alles da drin ist«, sagte sie, wobei sie auf ihr Herz deutete. »Wenn uns das klar ist, müssen wir nicht mehr auf Zustimmung von anderen hoffen. Wir können uns einfach selbst fördern.«

Seit dieser Zeit denke ich immer wieder, welch ein Glück ich doch hatte, ausgerechnet den Eriksons zu begegnen und nicht Freud oder Jung. Ich fürchte, dass Freud mich auf seiner Couch zehn Jahre lang analysiert hätte und alle meine Schwächen durchgegangen wäre; und Jung hätte Stein für Stein in mir umgedreht, um meine Schattenseite zu entdecken. Joan Erikson hingegen half mir zu erkennen, dass ich neue Energie und Kraft schöpfen konnte, wenn ich versuchte, mich neu zu erfinden und wieder zu beleben. Ich musste mir dazu nur genau anschauen, wie ich bislang mit den Stolpersteinen, Hindernissen und schwierigen Scheidewegen in meinem Leben zurechtgekommen war; ich musste die Orte und Zeitpunkte betrachten, als ich eine richtige Entscheidung getroffen hatte, meinen Kurs beibehalten, durchgehalten hatte und die Fallstricke umgangen oder einfach aus einem Loch gekrabbelt war, in das ich gefallen war. Sie erklärte mir, dass Stärke aus Widrigkeiten erwächst und dass neue Energie durch die Spannungen entsteht, an denen wir gezwungenermaßen arbeiten müssen. Joan bediente sich in groben Zügen der berühmten psychoanalytischen Theorien ihres Mannes, wenn sie mich ermunterte, mein Leben Revue passieren zu lassen, mich auf

das konzentrieren, was ich mit Erfolg geschafft hatte, und nicht - wozu ich neigte - auf das, was mir nicht gelungen war.
Um erfolgreich zu sein - also nicht nur, um zu überleben -, gilt es, seinen Lebenszyklus zu verstehen. Sehen Sie sich nun die acht Lebensphasen von Erikson an und die Stärken, die mit jedem Stadium einhergehen. Erinnern Sie sich an diese bestimmten Zeiten in Ihrer Kindheit oder als Erwachsene und überlegen Sie sich, wie Sie gewisse Konflikte gelöst haben und auf diese Weise an Stärke - in Eriksons Sinn - gewonnen haben. Das Eingeständnis von Schwächen und das Erkennen von Stärken sind zudem Möglichkeiten, sein eigenes wahres Wesen wiederzuerlangen.

SÄUGLING:	Vertrauen versus Misstrauen; die erlangte Stärke ist HOFFNUNG
KLEINKINDALTER:	Autonomie versus Scham; die erlangte Stärke ist WILLE
SPIELALTER:	Initiative versus Schuldgefühl; die erlangte Stärke ist ENTSCHLUSSKRAFT
SCHULALTER:	Regsamkeit versus Minderwertigkeit; die erlangte Stärke ist KOMPETENZ
ADOLESZENZ:	Identität versus Konfusion; die erlangte Stärke ist TREUE
FRÜHES ERWACHSENENALTER:	Intimität versus Isolierung; die erlangte Stärke ist LIEBE
ERWACHSENENALTER:	Generativität versus Stagnation; die erlangte Stärke ist FÜRSORGE
ALTER:	Integrität versus Verzweiflung; die erlangte Stärke ist WEISHEIT

Da es Joans Art war, immer alles anschaulich zu demonstrieren und es nicht nur bloß so daherzusagen, redeten wir viel über unsere Vergangenheit und webten dabei den Teppich unserer individuellen Lebensphasen auf kleinen Webrahmen. Joan hatte ihre eigene Theorie entwickelt, dass jede Phase sich mit einer bestimmten Farbe darstellen ließe. Sie wählte *Hellblau* für *Hoffnung, Orange* für *Willen, Grün* für *Entschlusskraft, Gelb* für *Kompetenz, Dunkelblau* für *Treue, Rot* für *Liebe, Hellgrün* für *Fürsorge* und *Lila* für *Weisheit.*

Wir webten einen Streifen für jede Phase und fügten einen Farbtupfer in einem anderen Garn hinzu, während wir über unsere Erfahrungen sprachen, die unser Leben »gefärbt« hatten. »Ich habe mir das Leben immer wie einen bunten Teppich vorgestellt«, sagte Joan zu mir, »wobei jeder Faden für die Vollständigkeit des Gesamtbilds von Bedeutung ist. Das hinter uns Liegende und Umstände haben uns Schicht um Schicht zu etwas gemacht, aber es ist wichtig, diese Schichten abzulösen, um all die vergrabenen Teile des Selbst zu finden. Die Wurzel, die im trockenen Boden wächst, auf die sind wir aus, meine Liebe.«

Während ich mit Joan webte, lernte ich, dass jeder Mensch wegen seines einzigartigen Erfahrungsschatzes ist, wer er ist. Joans Teppich glich dem meinen in keiner Weise – ihre Farben waren wilder und überschwänglicher, meine irgendwie sicher und jeder Streifen vorhersehbar, und sie hatte ihren Webrahmen am Ende auch komplett voll, während ich noch ein Drittel mit der von mir gewünschten Farbe füllen musste. Der bunte, unvollendete Teppich bestätigte meine zunehmende Überzeugung, dass mir das gesamte Rohmaterial für eine Veränderung zur Verfügung stand und brachte mir die Worte einer meiner Lieblingsschriftstellerinnen ins Gedächtnis, Florida Scott-Maxwell: »Man muss nur die Ereignisse seines Lebens für sich in Anspruch nehmen, damit man sich selbst gehört.« Und so war ich also mit Begeisterung darauf aus, meine und die Zukunft anderer mir bekannter Frauen in die Hand zu nehmen. Ein farbenfrohes Leben liegt für uns alle im Bereich des Möglichen.

Später wählte ich die Farben meiner Webarbeit und flocht sie zu einem Zopf, den ich mir in die Tasche steckte, wo ich ihn häufig anfassen konnte. Diese Fäden sind für mich zu einer Art Rettungsleine geworden – eine greifbare Erinnerung an meine Ziele.

Da Sie ja jetzt besseren Zugriff auf Ihre Schwächen und Stärken haben, könnten Sie die Farben Ihres Lebens doch auch zu einem Zopf flechten, oder? Achten Sie darauf, welche Farben Joan Erikson gewählt hat, um die acht Lebensphasen symbolisch darzustellen.

- Richten Sie Fäden oder Stickgarn her, die jede Phase repräsentieren sollen.
- Denken Sie über Ihre größten Stärken nach und wählen Sie viele Fäden dieser Farbe.
- Fahren Sie mit den Stärken in einer jeden Phase fort, wobei Sie die angemessene Anzahl an farbigen Fäden wählen, um das Vorhandensein dieser Stärke in Ihrem Leben symbolisch darzustellen.
- Sobald Sie ein Bündel mit acht Farben haben, fügen Sie ein leuchtendes Pink oder Lindgrün hinzu. Für die düstereren Momente können Sie noch Brauntöne und Schwarz ergänzen.

Am einfachsten ist es, den Zopf mit jemandem zusammen zu flechten, wie es auch die Frauen bei den Wochenend-Retreats tun. Während Ihre Partnerin das eine Ende der Fäden in der

Hand hält, fangen Sie an, die Farben Ihres Lebens zu flechten, dabei Ihre Geschichte zu erzählen und zu erklären, weshalb Sie die eine Farbe häufiger als die andere verwenden. Sie arbeiten entgegen Ihrer lebenslangen, eingefleischten Gewohnheit, wenn Sie sich auf Ihre Stärken konzentrieren und nicht auf Ihre Verwundungen. Manchmal sind fremde Augen und Ohren notwendig und auch Verständnis und Beteuerungen, damit wir erkennen, dass alles Elend und jeder Verlust nur der Vorbereitung dienten, um unser individuelles Leben zurückzufordern.

Lorraine aus Arizona schrieb mir nach einem Retreat Folgendes:

Den Zopf zu flechten fiel mir sehr schwer. Es war so viel einfacher, die anderen Frauen zu beobachten, mit denen zusammen ich den Zopf flocht, als mich selbst zu betrachten. Als ich das erste Mal an den Tisch ging, um meine Fäden zu holen, wusste ich nicht einmal, wie viele ich von einer Farbe nehmen sollte. Ich erinnere mich noch, dass ich mich umgeschaut und dann einfach nachgemacht habe, was die anderen Frauen mir vormachten. Das fühlte sich instinktiv falsch an, und ich brauchte meine Partnerin, die mich dann im wahrsten Sinn des Wortes anleitete. Sobald wir mit dem Flechten begonnen hatten, stellten die Geschichten sich ganz von selbst ein. Ich war in der Lage, den anderen meine Erlebnisse von allen acht Lebensphasen zu erzählen, aber sie waren alle ziemlich furchtbar. Ich musste davon reden, wie man mich als Kind vergewaltigt hatte, dass ich aus der Schule flog, dass meine Eltern sich scheiden ließen und auch von der Drogenabhängigkeit meines Sohnes. Ich hatte das Gefühl, bloß noch weinen zu müssen, anstatt zu flechten. Dann nahm Beverly über die Fäden hinweg meine Hand. »Welch eine enorme

Willenskraft du doch ausgeprägt hast«, sagte sie. Diese Stärke hatte ich nie an mir bemerkt. Für mich war es reiner Lebenswille, der sich auf Angst und einem Gefühl der Verwundbarkeit begründete. Aber ich war sehr stolz, als sie meinen starken Willen bemerkte. Und es wurde mir klar, dass mein Leben wirklich von einem erstaunlichen Willen geprägt wurde, es zu schaffen und zu überleben. Ich stand auf und packte eine Riesenmenge orangefarbenes Garn. Ab und zu ziehe ich nun meinen Zopf heraus, und dann sehe ich das viele Orange. Da fühle ich mich dann stark. Ich weiß auch, dass ich mehr Stärken habe, als ich meine, wenn ich nur nach ihnen Ausschau halte, anstatt mich in negativen Erinnerungen zu ergehen. Ich will wirklich noch mehr solche Zöpfe flechten, und ich weiß, dass ich in absehbarer Zeit eine ganze Wand voller bunter Farben haben werde.

Und wenn sich dann eine Farbe mit der anderen mischt, können Sie auf einer bildhaften Ebene die ganze Spanne Ihres Lebens neu entwerfen. Kommen Sie auf Ihren Zopf so oft zurück, wie Sie wollen, aber knüpfen Sie nie den Knoten am oberen Ende auf, sondern fügen Sie die Farben hinzu, wie die Erinnerungen sie hervorbringen – ein unvollendetes, sich entwickelndes Leben, das durch die lebendigen Farben symbolisiert wird!

Wir besitzen bereits alles, um voranzukommen. Jeder von uns hat eine kühne Vision geerbt, den Mut, das Mitgefühl und die Integrität, um das eigene Leben und die Lebensgeister zu reparieren. Diese robusten Wurzeln sind vielleicht lange vernachlässigt worden und waren über Jahre unter all dem aufgehäuften Müll, den Missverständnissen und der sozialen Angepasstheit verborgen – aber abgestorben sind sie nicht. Unsere Aufgabe ist es nun, nach unten zu greifen, unsere

Stärken zurückzugewinnen – sie sind schließlich ein Geburtsrecht – und sie ans Tageslicht zu holen. Wir leben in einer Kultur, die uns weismacht, dass wir zu einem neuen Menschen werden, wenn wir unsere Figur, unser Gesicht oder den Wohnort verändern. Aber das sind nur Äußerlichkeiten, oberflächliche Verbesserungen, die kaum einen Beitrag leisten, uns mit etwas Solidem und Wichtigem zu verbinden. Eine wirkliche Veränderung braucht Zeit und beinhaltet die mühsame Arbeit, uns unsere Geschichte in Erinnerung zu rufen, ohne die wir uns nie zu erholen vermögen.

Wir alle sind einzigartige Wesen. Welch ein kostbares Geschenk die Welt doch verliert, wenn wir nicht herausfinden, wer wir sind, um uns dann als eigenständige Persönlichkeiten anderen mitzuteilen.

Abschließende Zusammenfassung des Kapitels

- Feiern Sie Ihre Wurzeln.
- Nutzen Sie die familiären Fähigkeiten für sich.
- Studieren Sie Ihre Lebensphasen.
- Wählen Sie bestimmte Farben für Ihr Leben.
- Kreieren Sie aus Ihrem alten Selbst ein neues Wesen.
- Formulieren Sie eine Intention.

Das Wort Intention kommt vom lateinischen *intendere*, was so viel heißt wie »etwas nach vorne ausstrecken«. Der Begriff ist für jede Frau von Bedeutung, die das Bedürfnis hat, einen Richtungswechsel vorzunehmen, ihre Persönlichkeit oder Einstellung zu verändern, und eine Intention – oder auch mehrere – auszubilden, um sich nach vorne in Richtung auf einen neuen Seinsmodus hin zu strecken. Ich bildete das erste Bündel an Intentionen aus, als ich sämtliche Eigenschaften niederschrieb, die ich an meinen weiblichen Verwandten schätzte. Die Liste gab ein Ziel, das ich ansteuern konnte, und stellte eine gewisse Orientierung dar. Später, nachdem ich einen Fischer überredet hatte, mich mit aufs Meer hinaus zu den Robben zu nehmen, fielen mir noch mehr Intentionen ein.
Anfangs verstand ich nicht, was an den Robben so Besonderes sein sollte. Sie waren dick, braun und grau und sie bellten. Als ich aber ihr lustiges Verhalten genauer beobachtete, war ich bezaubert. Nach einer Weile dämmerte es mir, dass sie sich auf eine Weise benahmen, wie es mir selbst auch Spaß machen würde. Sie waren verspielt, im gegenwärtigen Augenblick, verletzlich, ungezähmt, rätselhaft, neugierig, schelmisch, witzig und in ihrem Körper zu Hause.
Ich suchte in meinem Rucksack herum und fand ein altes Rezept, auf dem ich dann rasch alle Eigenschaften und Einstellungen niederschrieb, die ich so reizend fand. Wieder an der Küste klebte ich diese Liste an den Badezimmerspiegel, wo sie mir gleich morgens in der Früh ins Auge sprang. Wie bei der Liste, die ich beim Durchblättern der Fotoalben zusammengestellt hatte, so konzentrierte ich mich auch bei dieser Liste auf die Person, die ich sein wollte, und auf das Leben, das ich führen wollte.
Ein Wort oder eine Idee niederzuschreiben, die Ihnen große

Freude bereiten und Sie daran erinnern, wer Sie sein könnten, ist ein wichtiger erster Schritt in Richtung Reparatur und Veränderung. Eine Reihe von Intentionen auszubilden oder auch einfach nur eine festzustellen hilft Ihnen, das Gebiet abzustecken, auf dem Sie Ihren neuen Weg dann weiterverfolgen können. Sie bekommen auf diese Weise eine Orientierung und auch ein Ziel.

Absolut wichtig ist es zu bedenken, dass Intentionen nur Möglichkeiten sind. Sie sind gleichermaßen Ansprüche wie auch Wünsche, die jede Begrenzung und jede frühere Verhaltensweise in den Schatten stellen können. Somit sind Intentionen etwas Sanftes und nie fordernd. Sie sind Lösungen ohne festgelegte Grenzen – Träume, was sein könnte; sie sind andersartig und aufregend.

Intentionen können außerdem eine neue Art beinhalten, auf das Leben zuzugehen – eine positive Einstellung, verschiedene wilde Eigenschaften, die man früher für verboten oder unerreichbar gehalten hatte. Sie können aus einem Wort bestehen oder aus einer Abfolge von Wörtern, die zusammengehören. Sie stellen sich ein, indem man Eigenschaften oder Qualitäten bemerkt, die einem zusagen – so wie damals bei mir, als ich die Robben beobachtet habe. Es kann sich dabei um Verben, Substantive oder Adjektive handeln, um Einstellungen, Handlungen oder Gefühle. Eine Intention kann sogar eine Farbe sein.

Welche Worte kommen Ihnen in den Sinn? *Unverwüstlich, entschlossen, wild, frei, dumm.* Oder vielleicht *ungestüm, heiter, witzig, ungehörig* oder *verletzlich?* Füllen Sie ein ganzes Blatt mit solchen beschreibenden Wörtern und ziehen Sie dann einen Kreis um die Wörter, zu denen Sie sich hingezogen fühlen – die Sie vielleicht gern anstreben oder sein möchten. Aller Wahrscheinlichkeit nach waren Sie so als aufmüpfige Jugendliche oder ungestümes Kind, bis Ihnen derartiges Verhalten regelrecht ausgetrieben wurde. Je früher Sie einige Intentionen benennen, desto eher machen Sie sich auf den Rückweg, und zwar nicht nur zu dem Menschen, der Sie einst waren – Ihrem Rohmaterial –, sondern auch zu der naturgegebenen Stärke, die Sie besitzen und die Ihnen Veränderungen und Wandel ermöglicht.

Die Patchworkdecke

Eine andere erhellende Übung ist, mit anderen Frauen eine Patchworkdecke anzufertigen. Jede bringt zu dem Treffen Stoffreste, alte Kleidungsstücke, Garnreste, Spitze, Andenken und Slogans mit – alles, was an die turbulenten und herrlichen Zeiten im Leben erinnert. Es nehmen nun alle an einem großen Tisch Platz und nähen ihr persönliches Stück Decke aus den Resten zusammen. Beim Nähen erzählt jede die Geschichte, die sich hinter dem einzelnen Stück verbirgt. Sobald alle Frauen ihren Teil fertig haben, werden sämtliche Einzelteile auf einem großen Stück Stoff aneinandergeheftet. Diese Decke kann nun bei Zusammenkünften als Mittelpunkt genutzt oder auch an die Wand gehängt werden, oder sie macht in der Gruppe die Runde.
Clarissa Pinkola Estés ist der Überzeugung, dass »bei der Arbeit mit konkreten Materialien ein Trend zur Vereinfachung bestehe, dass man mehr auf Fühlen und Spüren ausgerichtet ist und nicht auf Intellektualisieren. Manchmal ist es hilfreich, wie eine meiner kürzlich verstorbenen Kolleginnen zu sagen pflegte, sich einer Denkweise zu bedienen, die eine aufgeweckte Zehnjährige verstehen würde«. Sie erklärt ferner, dass in ganz Mittelamerika das Spinnen und Weben von Stoffen eine Möglichkeit gewesen sei, Geister zu sich zu bitten oder sich von ihnen ins Bild setzen zu lassen. »Es gibt ernstzunehmende Beweise, dass die Herstellung von Garn und Kleidung einst religiöse Praktiken waren, die herangezogen wurden, um die Lebensphasen, den Tod und das Jenseits zu vermitteln.«
Die Patchworkdecke ist eine Übung, die uns helfen soll, einen Blick in die Vergangenheit zu tun und all das anzuerkennen,

was wir erlitten und durchgemacht haben. Es handelt sich um eine befreiende Übung, die dazu dient, uns als »Kulturträgerinnen« zu stärken und zu stützen.

Samstag

KÖRPER UND SEELE REPARIEREN

Die Stille mehren, die Stimmen reduzieren

»Ab einem gewissen Punkt ist es notwendig, jegliche äußere Hilfe fahrenzulassen und sich auf seine eigene Stärke und Findigkeit zu besinnen. Wonach wir suchen, das sucht uns.«

ANONYM

Den Tag beim Schopf packen

Heute ist ein Mondschneckentag«, sage ich zu den Frauen, die sich am Samstagmorgen zum Retreat im Wohnzimmer meines kleinen Gästehauses eingefunden haben. Ich halte das runde Gehäuse hoch, das auf meiner Handfläche ruht. »Heute ist ein Tag für spirituelle Einkehr, genau wie es diese Kreiselschnecke macht – um unabhängig zu sein und heiter, um sich selbst ein Heilmittel zu verordnen und zur eigenen Mitte zu finden. Heute ist ein Tag der Stille und Einsamkeit, an dem Sie nicht mehr nur alleine sind, sondern wirklich ganz auf sich gestellt.«

Das Samstagsprogramm des Wochenendworkshops finde ich immer besonders spannend, weil ich mich nach der gleichen Stille, Einsamkeit und Konzentriertheit sehne, wie ich sie diesen Frauen anbiete. Ich lechze nach der Abgeschiedenheit des Strands, an dem wir einen Spaziergang unternehmen werden, und nach der körperlichen Anstrengung, die dieses Abenteuer bedeutet. Wenn ich mich so in dem Zimmer umschaue, sehe ich, dass die Frauen alles ihnen Mögliche getan haben, um sich auf den Tag mit einem acht Kilometer langen Marsch über den Sandstrand vorzubereiten. Sie tragen robuste Kleidung, feste Schuhe, Hüte oder Kappen gegen die Sonne und zig Schichten Klamotten. Aber ich weiß, dass trotz ihrer angemessenen Ausrüstung nur wenige mental auf die Erfahrung vorbereitet sind, wenn das Boot sie dann an der äußersten Südspitze von South Beach absetzt – ein fünfzig Meter breiter Sandarm, der an die acht Kilometer in den Atlantik hineinragt.

Sobald wir unsere morgendliche Diskussion beendet haben, gehen wir dann die eineinhalb Kilometer zum Hafen hinunter und verteilen uns auf zwei Boote, die uns hinausfahren, damit wir uns die Robben auf der Insel Monomoy anschauen können; dann lassen wir uns für unseren einsamen Spaziergang absetzen. Fast den ganzen Tag ist jede der Frauen in der freien, unbekannten Natur auf sich allein gestellt. Während des Frühstücks versuche ich also, die mentale und emotionale Basisarbeit für diesen Tag zu leisten.

»Wir haben genug gelitten; wir verstehen, wie wichtig dieses Retreat ist; wir haben daran gearbeitet, uns selbst wiederzufinden und Kraft aus der Vergangenheit zu schöpfen. Heute geht es um die Reparatur – es geht darum, *allein* zu etwas *Ganzem* zu werden. Es geht darum, die Grenzen zu überschreiten, die wir uns selbst auferlegen, und zu erfahren, wie es sich anfühlt, wenn man eine ›Gezeitenfrau‹ ist – eine Frau, die die Höhen und Tiefen, Fluten und Ebben willkommen heißt, eine Frau, die über den Sand hinaus zu blicken vermag, auf den Wellen reitet und im Fluss des Lebens bleibt. Grundlegend wichtig an dieser Reise ist, wie Anne Morrow Lindbergh es einmal formulierte, dass wir Frauen aus eigener Kraft mündig werden. Wir müssen unsere wahre Mitte alleine finden. Deshalb ist der heutige Spaziergang als eine Erfahrung gedacht, die jede Frau für sich alleine machen soll. Widerstehen Sie dem Bedürfnis, mit einer Freundin zu wandern oder eine Pause einzulegen, um sich zu unterhalten. Wenn Sie es sich gestatten, allein zu sein, und zwar wirklich allein und ohne irgendwelche anderen Menschen, die Ihre Gedanken, Gefühle und Reaktionen einschränken, dann stellen sich unerwartete Einsichten und Wünsche ein und üben ihren Einfluss auf Sie aus. Greifen Sie danach – niemand kann Sie daran hindern. Was ich mir für Sie heute erhoffe, ist Folgendes: Dass Sie, wenn Sie die Stille in sich ausgebaut und die Stimmen in Ihrem Kopf zum Schweigen gebracht haben, eine Wildheit erleben, die Sie dann nie mehr missen möchten.«

Ich starre auf das Meer erstaunter Gesichter und versuche es mit einem neuen Weg. »Ich spüre, dass einige von Ihnen besorgt sind. Vielleicht haben Sie ja das Gefühl, nicht fit genug zu sein; oder Sie meinen, dass Ihre Knie zu schwach sind; oder Sie haben Angst vor der Abgeschiedenheit. Aber ich weiß, dass Sie hierhergekommen sind, um auf die Probe gestellt zu werden und um etwas Neues zu probieren. Joan Erikson sagte einmal Folgendes zu mir: ›Wenn du allein bist, findest du heraus, wer du überhaupt sein kannst.‹ Sie finden heraus, wie weit Sie sich strecken, nach etwas greifen und fliehen können, wobei Sie erleben, was Ihnen Spaß macht und was Ihnen Befriedigung verschafft. Ihre Zeit ist gekommen, um sich zu strecken und somit über sich selbst hinauszuwachsen und zu fliehen.«

Ich weiß, dass die Frauen nur die Hälfte von dem mitbekommen, was ich sage. Ein Großteil von ihnen kann die nagenden Sorgen nicht so einfach loslassen. Ohne dass es ihnen klar wäre, sind die meisten schlichtweg nervös wegen der Einsamkeit und der fehlenden Struktur. Natürlich schießen, sobald

ich mit meinen Erläuterungen fertig bin, überall im Zimmer die Hände in die Höhe. Die Frauen wollen mehr praktische Einzelheiten. »Könnten Sie mir eine Landkarte von der Gegend zeichnen?« »Fährt das Boot auch bei starkem Seegang?« »Wie können wir es vermeiden, dass wir uns verirren, besonders bei dem Nebel jetzt?« »Wie lang dauert die Wanderung etwa?« Einige haben schon gestanden, dass sie Angst vor Wasser haben – dass sie nicht schwimmen können oder dass sie seekrank werden. Ich erinnere mich dann an meine Wanderung auf dem Inka-Trail und erzähle ihnen von der fürchterlichen Panikattacke, die ich am Anfang der Tour hatte. Erst später wurde mir klar, dass mir das Unbekannte und der Kontrollverlust einfach zugesetzt hatten.
Die Dichterin May Sarton hatte Angst vor Abenteuern und auch vor der Einsamkeit, wie ich meine. Ihrem Bedürfnis, allein zu sein, wirkte immer die Angst entgegen, was alles passieren könnte, wenn sie plötzlich in die riesige leere Stille eintrat und sie keine Unterstützung fand. Weil wir Frauen so oft selbst etwas Abenteuerliches planen, bereitet es uns Schwierigkeiten, uns den Plänen eines anderen anzuvertrauen. »Das Übermaß an Freiheit anzunehmen, das Sie erfahren werden, ist ebenso angstauslösend wie aufregend. Aber denken Sie einmal darüber nach. In dem Wort ›Abenteuer‹ steckt die Wurzel *advent*, und das bedeutet anfangen. Und jeder Anfang ist eben auch mit Sorgen verbunden. Nehmen Sie Ihre Sorgen an, richten Sie Ihr Augenmerk aber dennoch auf das Abenteuer. Ich verspreche Ihnen, dass Sie mit Unmengen toller Erfahrungen belohnt werden, die Ihnen Lust auf mehr machen werden.«
Dieser Abschnitt des Retreats entstand aus einer ganz bestimmten Erfahrung, die ich vor ein paar Jahren gemacht hatte. »Für diejenigen von Ihnen, die besonders heftig verletzt wurden, ist es schwer, sich des Ärgers zu entledigen und der

Versuchung zu widerstehen, mit dem Finger auf jemanden zu zeigen. Aber Ärger hat nur den Effekt, dass Sie sich von sich selbst entfremden. Dieser Spaziergang soll Sie jedoch zu sich selbst führen, wie es bei mir damals auch der Fall war.

Ich fand eines Tages einige scheußliche Briefe, die mein Bruder unserer Mutter geschrieben hatte; er zog darin gewaltig über mich her. Voller Zorn und mit dem Gefühl, ungerecht behandelt zu werden, unternahm ich an diesem Strand hier einen langen Spaziergang. Mit jedem Schritt stieß ich aus: ›Dieser verfluchte Mistkerl! Wie konnte er nur?‹ Er hatte mitten ins Schwarze getroffen, und ich war erfüllt von seinem Gift. Und dann war ich an meinem Lieblingsplatz angekommen; ich klopfte mir den Sand von den Füßen und fühlte mich hoffnungslos, beschattet, verfolgt und völlig entfremdet, sogar von mir selbst. Schließlich fiel ich auf die Knie und brüllte in den Wind: ›Lieber Gott! Gib mir ein Zeichen, dass du bei mir bist – dass ich nichts falsch gemacht habe.‹ Ich hielt inne und horchte, hoffte auf eine Antwort. Genau in dem Moment tauchte der Kopf einer Robbe direkt vor mir aus den Wellen auf – und dann noch zwei. Ich starrte sie an, und sie starrten mich an, und dann setzte plötzlich ein leichter Regen ein. Statt nach meinem Parka zu greifen, ließ ich die warmen Tropfen meinen Körper waschen. Ich fühlte mich gesegnet – getauft, ja sogar beschützt und gehalten von etwas, das größer war als ich selbst. Es hatte mich meine Widrigkeiten überwinden lassen. Plötzlich waren mein Bruder und sein Ärger mit der Flut weggespült, und ich stellte fest, dass ich lächelte – aus einem Gefühl des Friedens heraus und auch wegen der reizenden Robben.

Später, als ich verarbeitete, was eigentlich passiert war, erkannte ich, dass ich mich einmal wieder im ›Ich-will-Modus‹ befunden hatte und nicht im ›Ich-bin-Modus‹. Ich wollte von meinem Bruder als guter Mensch anerkannt werden. Ich wollte, dass er keine so blödsinnigen Briefe schrieb. Ich wollte, dass er sein Denken und seine Gefühle veränderte. Aber ich konnte an *seinen* Gefühlen, Briefen oder sonst was rein gar nichts verändern. Im Regen war ich mit den Robben in der Lage, in den ›Ich-bin-Modus‹ zurückzukehren. Ja, ich bin traurig. Ich bin verletzt. Ich bin müde. Ich bin nass. Aber ich bin auch ein guter, fürsorglicher Mensch, und nur das zählt.

Ich hoffe, dass Ihnen heute an diesem abgelegenen Ort in der Natur eine ähnliche Gnade und solches Glück zuteilwerden.

Wie die meisten Frauen, so hat auch South Beach seine eigene Geschichte, was Brüche und deren Reparatur angeht. Es gehörte früher zu einem langen Strandabschnitt, der den gesamten Hafen von Chatham schützte. Aber 1987 brach eine mächtige Nordostwelle herein, die den Strand dann in zwei Teile riss. Eine Weile war die Stadt samt ihren Bewohnern sehr angreifbar. Aber das ist jetzt nicht mehr der Fall. Wie eine starke Frau schaffte es der Strand standzuhalten, wobei er jeden Winter seine Ausdehnung vergrößerte. Mit der Zeit entstanden kleine Dünen, die allen möglichen wilden Tieren Schutz bieten – und heute auch Ihnen.

Wenn Sie dann nachher aus dem Boot steigen und an der äußersten Spitze des Strandes stehen, werden Sie das Gefühl haben, auf dem Mond gelandet zu sein; keine Spur von Mensch und Gesellschaft. Die Vegetation reicht Ihnen locker bis zur Hüfte. Und das Meer, der Sand und der Himmel gehen ineinander über. So wie dieser Strand sich verjüngt hat, so werden Sie das hoffentlich auch tun.

Sobald Sie an der Küste sind, suchen Sie sich ein schönes Fleckchen Erde, das Sie anspricht. Schaffen Sie sich Ihren Raum. Geben Sie sich der Einsamkeit hin und der Weite, und sehen Sie von jeglicher Kontrolle ab. Lassen Sie sich in die nahtlose Welt der ungestörten Zeit sinken, wo die endlosen Stunden es erlauben, dass aus dem Nichts etwas entsteht.

Sammeln Sie sich und halten Sie dieses Etwas fest. Einige von Ihnen werden sich von der tosenden Brandung angezogen fühlen, andere werden sich nach der Stille der geschützten Bucht sehnen, und wieder andere werden auf der Stelle schnurstracks nach unten gehen und sich dabei ihren Weg durch das hohe, stachelige Gras bahnen und die verschiedenen Ausblicke auf sich wirken lassen.
Letzten Oktober stieg Terry aus New Jersey aus dem Boot und ging zur nächsten Düne, wo sie dann ein Nickerchen von zwei Stunden hielt. Beim gleichen Retreat wollte Marcia, nachdem sie sich von den verspielten Robben hatte bezaubern lassen, nackt und frei sein. Marcia, die als Erste aus dem Boot gesprungen war, machte sich in Richtung Inselspitze davon, wo sich ein paar Robben versammelt hatten. Sie zog feierlich ihre Kleidung aus und stapelte sie ordentlich im Sand. Dann klatschte sie über ihrem Kopf in die Hände und sprang ins Wasser, um zu schwimmen. Später gab sie zu, dass sie es fast doch nicht getan hätte – und zwar nicht, weil sie vor dem zwölf Grad kalten Wasser Angst gehabt hätte, sondern weil sie Schuldgefühle empfand, dass die Robben ihretwegen – sie war ja schließlich ein Eindringling – in alle vier Himmelsrichtungen flüchten könnten, was dann den anderen Frauen die Möglichkeit genommen hätte, sich an den Tieren zu erfreuen. Aber sie kam sich auf die Schliche, und außerdem wusste sie ja, dass sie an dem Wochenendseminar teilnahm, um aufzuhören, sich ständig wegen der anderen Sorgen zu machen. Sie musste im wahrsten Sinn des Wortes ins kalte Wasser springen, eine Erfahrung ganz für sich allein machen – und die war es dann auch wert.«

Überflüssiges loswerden

»Heute gehen Sie an einen Ort, an dem es kaum Grenzen gibt – wo die Kuppel des Himmels auf das tanzende Meer trifft, wo die Natur und der Tag grenzenlos sind. Das sind die guten Neuigkeiten. Die schlechte Nachricht ist, dass Sie, um aus diesem Augenblick wirklich den größten Nutzen ziehen zu können, keine Landkarten und Fahrpläne brauchen, sondern Sie sich Ihrer Lasten entledigen müssen. ›Du kannst nicht einen Berg zu einem neuen Leben hinauf erklimmen, ohne deinen Rucksack von all dem schweren Ballast zu befreien, der dich niederdrückt‹, warnte mich Joan Erikson. ›Man reist am besten mit leichtem Gepäck und wirft alles Überflüssige fort.‹

Ihr ganzes Leben lang gelang es Joan, solche Dinge wegzuwerfen wie: Bedauern, Urteile, Harvard, Overalls, Nylonstrümpfe, Depressionen, institutionalisierte Religion und Perfektion. Jedes Mal, wenn sie etwas wegwarf, schaffte sie in ihrem Dasein mehr Platz für die Lebensfreude, die ihr so wichtig war.

Wir müssen uns leer machen, um unsere auf Hochtouren funktionierenden Persönlichkeiten in einen langsameren Modus bringen zu können. ›Mach dich leer, damit die große Seele des Universums dich mit ihrem Atem erfüllen kann‹, sagte der Dichter Laurence Binyon. Während meines Jahres am Meer übte ich mich mit Methode im *Hausputz*. Ich entledigte mich solcher Dinge wie: vergiftete Beziehungen, lähmende Routine, toter Ballast, überflüssige Pfunde, der Widersprüchlichkeit und der Angewohnheit, es anderen immer recht machen zu wollen. Jetzt gehört zu jedem Wochenendprogramm auch ein Abschnitt, bei dem es darum geht, Gepäck und Tagesordnungspunkte loszuwerden.

Im letzten Herbst beschloss die zweiundfünfzigjährige Mary

Ann, ihre Sonnenbrille zu beerdigen, hinter der sie sich in den vergangenen zwanzig Jahren versteckt hatte. Die achtunddreißigjährige Lucy füllte Schneckenhäuser mit den Namen von Leuten, die sie in ihrem Leben nicht mehr brauchte oder haben wollte, um dann eines nach dem anderen ins Meer zu werfen. Die fünfundvierzigjährige Joyce Ann hatte die Nase voll, sich von den Zahlen auf der Waage versklaven zu lassen; sie packte also die Badezimmerwaage in ihren Rucksack, schleppte sie an den Strand und beerdigte sie feierlich in einer großen Düne. Pat warf ihre Anstecknadel als geheilte Krebspatientin über Bord, weil sie nicht nur als jemand gesehen werden wollte, der eine tödliche Krankheit überlebt hat. Rebecca und Amy warfen ihre Eheringe in die Luft – und weg waren sie. Die einundvierzigjährige Jane begrub ein Foto von sich selbst, ihrem Mann und ihrer besten Freundin, mit der er eine Affäre gehabt hatte. Und Workaholic Barbara beerdigte den knallvollen Terminkalender vom letzten Jahr und fasste den Entschluss, die Welt der großen Firmen zu verlassen und selbst ein Geschäft aufzuziehen.

Jetzt sind Sie dran. Nehmen Sie sich eine halbe Stunde Zeit, um Bestandsaufnahme zu machen, was in Ihrem Leben Sie loswerden wollen. Die folgenden Fragen sollen Ihnen Anleitung und Hilfe sein.«

Sich die Last erleichtern

- Welches Gepäck wollen Sie auf alle Fälle loswerden?
- Wie können Sie sich Ihre »psychische Belastung« erleichtern? Anders ausgedrückt: Welche Verpflichtungen, Verantwortungen oder »Eigentlich-sollte-ich-Aktivitäten« und welchen negativen Druck können Sie streichen?
- Wer sollte aus Ihrem Leben verschwinden?

- Welche negativen Stimmen würden Sie gern zum Schweigen bringen, egal ob es Echos aus der Vergangenheit oder Stimmen aus der Gegenwart sind?

Diese Übung ist ein Schlüssel zur Reparatur – Sie müssen eine leere Palette schaffen und allmählich Platz für all das, was in Ihrem Alltag und in Ihrem Leben wirklich zählt. Ich möchte Sie ermutigen, dem Beispiel von Lucy zu folgen und die Übung in eine Zeremonie umzufunktionieren. Machen Sie Feuer und werfen Sie Ihre Liste in die Flammen; zerreißen Sie Ihre Liste in kleine Schnipsel und spülen Sie sie die Toilette hinunter; verstreuen Sie im Park Vogelfutter und werfen Sie mental Ihre Liste in die Luft; gehen Sie mit einem Beutel Flaschen auf die Müllkippe und schmeißen Sie eine nach der anderen bewusst weg. Das Wichtige dabei ist, auch den Willen zu haben, den psychischen Ballast mit abzuwerfen.

Unerwartete Entdeckungen

Und so beginnt nun also ein weiterer Spaziergang am Strand. Wie immer herrscht kurz vor dem Aufbruch viel Aufregung, wenn die Frauen sicherheitshalber eine Flasche Wasser mehr einstecken, noch einmal auf die Toilette gehen und dann eineinhalb Kilometer zu unseren Booten marschieren, die schon auf uns warten. Der trübe graue Tag ist perfekt – wie eine leere Leinwand oder der Webrahmen von Joan Erikson, der gefüllt werden will.

Die kleine Überfahrt, die normalerweise gerade einmal fünfzehn Minuten in Anspruch nimmt, wird heute wegen des dichten Nebels doppelt so lang dauern. Aber die geheimnisumwitterten Umstände bereichern meines Erachtens nur unser Abenteuer. Ich lehne mich in meinem Sitz zurück und lasse die tröstliche, dunstige Luft mein Gesicht berühren; die Feuchtigkeit ist wie ein kühler Drink für meine trockene Haut. Alles ist bestens, wie ich den erwartungsvollen Gesichtern entnehme, und ich bin überaus zuversichtlich, dass diese Erfahrung und der heutige kleine Spaziergang selbst in die verhärtetste Seele zu dringen vermögen.

Plötzlich höre ich ein Raunen – die Köpfe drehen sich in Richtung Steuerbord, und der Zauber nimmt seinen Anfang – ein ganzes Rudel Robben tummelt sich im Wasser und heißt uns in seinem Lebensraum willkommen! Seine Anwesenheit hat eine Signalwirkung auf die Frauen, die meisten sitzen nur da, still und stumm. Es heißt, dass es einen Menschen für immer und ewig glücklich macht, wenn er einer Robbe in die Augen schaut. Die Robben haben mir vermittelt, was in meinem Leben fehlte – Verletzlichkeit, mich in meinem Körper zu Hause zu fühlen, Verspieltheit, Geheimnis, Natürlichkeit, um nur einiges zu nennen. Ich bin immer neugierig auf das, was die Frauen, die ich mit auf diese Reisen nehme, finden werden. Auch wenn der Kapitän des kleinen Bootes uns ein paar Grundinformationen über diese reizenden Tiere mitteilt, wissen wir doch alle, dass es sich um eine spirituelle Reise handelt, nicht um einen Feldversuch.

Die Energie der Robben hat sofort etwas Ansteckendes. Sie sind verführerisch – sie wecken in uns den Wunsch, zu tauchen und zu schwimmen. Und schließlich geben mir ihre unschuldige, natürliche Neugier und Verspieltheit immer das Gefühl mit auf den Weg, offen und bereit für den restlichen Tag zu sein. Die anderen wilden Tiere tun ihr Übriges. Möwen stoßen nieder und kämpfen um denselben Fisch, während ein Schwarm Kormorane von einer Sandbank in der Nähe aufsteigt; und die Sonne lugt wie ein leuchtender Ball durch die dahinziehenden Wolken und offenbart einen Augenblick der Klarheit. Es ist wie ein Versprechen, dass hinter jeder Biegung

Licht wartet und wir alle einen Blick auf unser letztes Ziel erheischen können.

Während wir in Richtung South Beach schippern, sind die Frauen auf den nächsten Schritt vorbereitet – sie sind für alles gerüstet. Bloß nicht fürs Anlegen. Ich hatte sie ja gewarnt, dass sie nasse Füße bekommen würden – in vielerlei Hinsicht –, aber einige Frauen wirken erstaunt, als ich sie bitte, die Schuhe auszuziehen und sich die Hosenbeine hochzukrempeln. Als das Boot dann auf Sand aufläuft, machen sie einen Satz von Bord und sputen sich, um durch die knapp hundert Meter im eiskalten Wasser schnell ans Ufer zu kommen – wobei sie zum Glück lachen.

Am trockenen Ufer ziehen sie im Nebel davon – mit hängenden Schultern, weit aufgerissenen Augen und dem Anflug eines Lächelns auf den vorher noch so gestressten und ernsten Gesichtern. Ich bin zuversichtlich, dass sie in der Landschaft hier ihren Platz finden werden – dieser öde Strand, auf den sie ihre Hoffnungen und Träume schreiben können. »Fühlt eine neue Einstellung in euch aufkeimen«, flüstere ich. »Seht, wie herzerfrischend das Leben ohne Grenzen sein kann.«

Und eines weiß ich sicher: Es wird Tränen geben. Eine Frau, Marilyn hieß sie, meinte, dass sie so ein Wochenend-Retreat gar nicht brauche, kam aber, weil ihre Freundin sie dazu überredet hatte. Sie begann ihren Spaziergang mit Entschlossenheit und flottem Tempo, wie sie es an ihrem Lieblingsstrand daheim auf Long Island auch machte. Plötzlich vernahm sie die sanfte Stimme ihrer Mutter, die schon seit fünfzehn Jahren tot war. »Halt, halt«, sagte sie. »Immer mit der Ruhe. Nicht so eilig. Du bist viel zu schnell. Du musst das alles gar nicht machen. Halt, halt.« Marilyn hielt inne. Bis zu dem Zeitpunkt hatte sie diesen verdammten Spaziergang bloß hinter sich bringen wollen, doch nach dieser unerwarteten Störung begann ihr Körper dahinzuschmelzen. Der ganze Stress, den sie hinter sich gelassen hatte – die bevorstehende Hochzeit der Tochter, die Schwangerschaftsprobleme ihrer anderen Tochter und ihr Mann, der sich gegen eine Operation am offenen Herzen sträubte – all das fiel von ihr ab. Vielleicht versicherte ihre Mutter ihr ja, dass sie hier genau richtig war. Marilyn stolperte zu einem Baumstamm in ihrer Nähe, setzte sich hin und ließ ihren Tränen freien Lauf. Sie hatte nie Zeit gehabt, den Tod ihrer Mutter zu betrauern. Ja, sie hatte eigentlich nie Zeit gehabt, überhaupt irgendetwas zu empfinden – bis jetzt. Eine andere Teilnehmerin, die fünfundvierzigjährige Cathy, hatte auch das Glück, bei ihrem Strandspaziergang endlich weinen zu können.

Es war so nebelig, dass man kaum etwas erkennen konnte. Und trotzdem war dieser Nebel perfekt. So hatte ich mein Leben verbracht – verirrt im Nebel. Aber heute hatte ich mich nicht verirrt. Dieses Mal hatte ich ein Ziel – einen Weg. Jeder Schritt nach vorn war ein weiterer Schritt weg von der Vergangenheit mit all den Masken und Ängsten, die mit ihr einhergingen. Ich ließ so viel Traurigkeit in jedem Fußabdruck, den ich in den Sand setzte, wie ich nur konnte; ja ich trat richtig fest auf, um eine tiefe Spur zu hinterlassen. Wie ich so dahinmarschierte, fand ich eine Fischgräte in der Form von einer Maske. Ich sagte mir immer wieder, dass ich mit Masken nun nichts mehr zu tun haben würde. Und genau da begannen die Tränen zu fließen, und in der Stille hörte ich meine innere Stimme sagen: »Ist schon gut. Lass los, Cathy, lass einfach nur alles los.« Und dann schien es mir, als würde mein Heilungsprozess einsetzen. Der Leuchtturm tauchte in der Ferne auf, um mir auf meinem Rückweg die Richtung zu weisen.

Wie Maria, so wurden auch andere allmählich von einem Gefühl der Leichtigkeit ergriffen.

> *Nachdem ich Joan hatte sagen hören, dass dieser besondere Tag nie mehr wiederkommen würde, beschloss ich, das Beste daraus zu machen. Ich wollte sehen, wie lange ich diese begrenzte Zeitspanne ausdehnen konnte. Anstatt mich also darauf zu konzentrieren, dass der Ausflug bald vorbei sein würde, trödelte ich herum, schlief, schwamm, schrieb, spielte, malte Bilder und baute schließlich eine wunderschöne Nixe aus Sand mit Haaren aus Tang, großen Brüsten und einer klingelnden Kette aus Muscheln. Ich hatte seit meiner Kindheit keine Sandfigur mehr gemacht. Es war mir eine wahre Lust, einfach so den Sand durch die Finger rieseln zu lassen, und dann hatte ich plötzlich diese tolle freie Frau an meiner Seite – ich schuf sie, und sie schuf mich neu. Ich machte ein Foto von meiner Skulptur und trat dann den Rückweg an, wobei ich mich mit jedem Schritt leichter fühlte. Die Zeit war stehengeblieben – und das war toll. Es war mir gar nicht klar, wie toll es eigentlich war, bis ich mich wieder in der Pension befand und wir alle ein paar Cocktails tranken. »Ja wo warst du denn?«, wunderten sich alle. Meine Antwort: »Ich habe gerade den besten Tag meines Lebens verbracht.«*

Es ging mir durch den Kopf, welche Geschichten diese Gruppe nun wohl zu erzählen haben würde. Unerwartete Entdeckungen wirken immer Wunder. Neue Impulse treten plötzlich zutage, und der Prozess der Reparatur wird sicher seinen Anfang genommen haben.

Fünf Stunden später sitze ich auf der Veranda der Pension und warte auf die Rückkehr der Frauen. Eine nach der anderen taucht am Ende der Straße auf und kommt langsam auf mich zu. Einige scheinen wie verzaubert, andere sind klitschnass, wieder andere wirken gelöst und fast erhaben. Sie schleppen jede Menge Fundstücke mit sich – Dinge wie Bojen, seltsam geformtes Treibholz, Angelschnüre und Taue. Weiß Gott, was da sonst noch aus ihren Rucksäcken zum Vorschein kommen wird. Ihre Gesichter sind verschwitzt und von Wind und Wetter gebräunt, ihre Augen sind glasig verträumt oder sprühen Funken. Als ich winke, beschleunigen sie ihren Schritt. Sie haben Appetit auf das Mittagessen in den braunen Tüten, die sich in der Nähe stapeln. Und dann, während sie ihre Brote verschlingen, fangen sie an, von ihrem Tag zu erzählen: vom Strand, dem weichen Sand und den Wellen. Sie packen alles aus, greifen nach den zerfledderten Tagebüchern, einer Muschel oder einem Stein, der ihnen etwas Bedeutsames vermittelt hat. Sie sind erstaunt über ihre Gedichte, ihre ureigensten Gedanken, über die Aha-Erlebnisse, die sie alle hatten. Sobald die Mehrheit der Frauen zurück ist, lassen wir den spannenden Tag Revue passieren.

»Nun, der Spaziergang war heute anders, sogar für mich«, gebe ich zu. »Da draußen auf der kalten, nebeligen Landspitze, fühlte ich mich total orientierungslos, ja irgendwie ängstlich. Und dann dachte ich: Wie wunderbar. Welch eine großartige Erfahrung für eine vorsichtige Frau. Irgendwie meinen wir immer alle, wir müssten uns für unsere Kinder, unsere Familie aufsparen – man hat uns zur Vorsicht erzogen. Aber schließlich ist es auch einmal gut, desorientiert zu sein und seine Kuschelzone verlassen zu müssen.«

Keine der Frauen ist anderer Meinung. »Also zu dieser Erkenntnis bin ich heute gelangt. Wie steht es bei Ihnen?« Susan aus Kalifornien ergreift als Erste das Wort:

Ich habe so viele Abwehrmechanismen gegen mich selbst aufgebaut, aber heute am Strand verschwanden diese Mauern plötzlich. Dort habe ich mich allein, aber nicht einsam gefühlt. Ich musste mich vor niemandem rechtfertigen und mich um keinen kümmern. Ich war einfach ich selbst – was für ein außergewöhnliches Gefühl!

Dann meldet sich Bethany aus Michigan zu Wort:

Ich habe diese drei Muscheln hier mitgebracht. Die erste war groß und rund, und als ich sie sah, dachte ich an die Mondschnecke, die Joan heute Morgen in die Höhe gehalten hat. Ich habe mich wirklich gefreut, weil ich das Gefühl hatte, das perfekte Symbol gefunden zu haben. Aber als ich sie dann vom Boden aufhob, sah ich, dass sie kaputt war und ausgefranst und gar nicht so schön wie die von Joan. Dann sah ich eine robuste Venusmuschel. Ich wollte diese Muschel haben, weil sie so stark war. Aber als ich sie aufhob, brach sie in meinen Händen entzwei. Und dann habe ich schließlich diese letzte Muschel entdeckt. Von außen ist sie nichts Besonderes – irgendwie grau und zerbeult. Aber wenn man sie umdreht, dann schillert sie in zig Farben. Da wusste ich, dass ich meine Botschaft erhalten hatte. Ich muss mich umkrempeln, mein Inneres nach außen kehren, um meine farbige, glänzende Seite zu entdecken und mich an ihrer Schönheit zu erfreuen. Ich brauche eine neue Art, mich selbst zu sehen – mit meinen Stärken und Schwächen.

Und dann Gail:

Ich habe auch eine Muschel mitgebracht, bei der mir auf den ersten Blick durch den Kopf ging: Wie schön und perfekt sie doch ist. Und genau das dachte ich auch von meinem Mann Brian. Mich selbst mochte ich nicht, seit Jahren nicht. Aber ihn fand ich immer perfekt. Selbst nachdem er mich verlassen hatte, fand ich ihn noch perfekt. Als ich diese Muschel aufhob, sah ich, dass sie ein großes Loch hatte. Und da dachte ich dann, dass Brian auch nicht perfekt war. Ich ging eine Weile mit meiner Muschel in der Hand weiter, bis mir plötzlich klar wurde: Ich will Brian nicht mehr mit mir herumschleppen. Aber als ich die Muschel dann wegwerfen wollte, war mein Arm wie gelähmt, und sie fiel mir aus der Hand neben die Füße. Da wurde mir klar, dass das Problem nicht die Muschel war – und eigentlich auch nicht Brian. Mein Problem war, dass ich, als ich die Muschel sah, an ihn gedacht hatte und nicht an mich. Es wurde mir bewusst, dass loslassen bedeutete, mich selbst in meiner Umwelt gespiegelt zu sehen und nicht immer nur Zeichen von ihm. Also hob ich die Muschel auf und nahm sie mit nach Hause, damit sie mich daran erinnert, dass ich so schön wie sie sein kann – sogar mit allen meinen Schwächen.

Die Analytikerin Marion Woodman, eine Jungianerin, schrieb einmal: »Unser Körper liebt Metaphern, weil sie ihn mit unserer Seele verbinden, anstatt ihn in einem Zustand der Seelenlosigkeit zu belassen.« Ich bin erstaunt, mit welcher Selbstverständlichkeit die Frauen den Wahrheitsgehalt dieser Aussage demonstrieren und mit welcher Unbeschwertheit sie auch auf den Strand reagiert haben. Ihre Geschichten sprudeln nur so aus ihnen heraus.

Colleen, eine der Frauen, die an dem Ausflug beinahe nicht teilgenommen hätte, beschreibt der Gruppe ihr Hochgefühl so:

Zuerst ging ich ein Stück, dann stand ich am Rand des Wassers. Ich betete einfach, und ich spürte, wie sich so eine Kraft einstellte, die mir dann half, das zu tun, was ich wirklich tun wollte – den ganzen Spaziergang zu unternehmen. Ich ging also eine ganze Weile allein vor mich hin und war einfach nur froh, unterwegs zu sein, und außerdem entschlossen, nicht aufzugeben. Aber ich hatte auch Angst, dass ich es nicht schaffen könnte, dass ich ganz allein in den Dünen sterben würde. Dann fand ich diese drei miteinander verbundenen Bojen. »Die sind meine Rettungsleine«, sagte ich mir. Ich hob sie also auf und schleppte sie mit nach Hause. Ich zog sie hinter mir her und hatte das Gefühl, stark zu sein. Ich dachte, na schau mal einer an, da transportiere ich nun also meine eigene Rettungsleine. An einem bestimmten Punkt war ich ziemlich nass und fror. Die Bojen wurden immer schwerer. Ich fühlte mich versucht, sie einfach liegen zu lassen, und spürte, wie mich der Mut verließ. Aber dann hörte ich eine Frau lachen. Jill holte mich ein, und sie lachte einfach laut vor sich hin. Sie sagte, sie sei meiner Spur im Sand gefolgt. Sie bot mir an, mir beim Schleppen der Bojen behilflich zu sein, und da wusste ich plötzlich, dass ich es ganz allein schaffen würde. Jill ging voraus, und ich folgte ihrem Gelächter bis nach Hause.

Sonya sah in einem Stück Seil ein Zeichen:

Es war total verheddert, und ich dachte mir, dass das Ding ja total verknotet ist, genau wie ich. Es hatte zu viel Infrastruktur.

Deborah blickte in den Himmel zu den Vögeln hinauf:

Ich bemerkte, dass die Möwen sich dem Wind aussetzen; sie wenden sich bei Widrigkeiten nicht ab, und das Ergebnis ist, dass sie den Wind nutzen, um sich immer höher und weiter tragen zu lassen.

Eileen tauschte ihren Kummer gegen ein paar Muscheln ein:

Ich stieg aus dem Boot und sagte mir: »Ich mache jetzt diesen ganzen Spaziergang, und ich werde dabei nicht wegen irgendjemandem Schuldgefühle empfinden.« Und dann ging ich und ging immer weiter, ohne anzuhalten. Doch meine Schuldgefühle sind mir total in Fleisch und Blut übergegangen, und bald verfiel ich in den Modus: »Es darf keine Muschel zurückbleiben.« So wurde meine Tasche immer schwerer und schwerer. Ich nahm anfangs Muscheln mit, die so groß wie eine Suppenschüssel waren, dann wurden sie mit der Zeit immer kleiner, denn mir ging der Platz aus. Und schließlich musste ich aufhören. Ich musste die Muscheln einfach Muscheln sein lassen. Es fiel mir wirklich schwer. Ich stand eine Weile da und dachte darüber nach, wie ich meine Schuldgefühle loswerden könnte; da war ich nun also und fühlte mich schuldig, weil ich eine Muschel liegen ließ. Schließlich erkannte ich, wie lächerlich ich mich benahm. Also machte ich aus dem Loslassen ein Ritual. Ich schleppte meine Tasche ans Meer und warf die Muscheln mit vollen Händen in die sich im Sand brechenden Wellen. Ich bin mit einer leeren Tasche und ohne Schuldgefühle zurückgekehrt. Ich fühle mich wie ein neuer Mensch!

Eine Frau nach der anderen berichtet von ihrem Durchbruch – so wie der Strand selbst zu einem gewissen Zeitpunkt in zwei Teile durchbrach, so dass der Kanal entstand, durch den sie waten mussten. Das kam unerwartet, war kürzlich durch einen Sturm passiert, und ich hatte sie darauf nicht vorbereitet. Viele Frauen deuteten es als Zeichen – dass sie nun bereit waren, Unerwartetes willkommen zu heißen, dass das wahre Leben sich außerhalb des Planbaren und Vorhersehbaren ereignet – und genau das hatte den Strandspaziergang ja auch so herzerfrischend gemacht.
Carla beobachtete, wie das Wasser im Kanal in die umgekehrte Richtung floss, und fühlte, wie auch ihre Gedanken eine Wende vollzogen.

> *Die gesamte erste Hälfte des Spaziergangs lebte ich in meinen Fantasien. Ich fühlte, wie ich aus meinem Leben davonging. Dann kam ich an den Kanal und beobachtete, wie das Wasser wieder zurücklief. Da wurde mir klar, dass ich zu meinem Leben zurücklief. Ich hielt inne und setzte mich eine Weile hin, bis ich diese Vorstellung im Kopf hatte, bis ich wusste, ob das auch wirklich die Richtung war, die ich einschlagen wollte. Als ich bereit war, stand ich auf und trottete gezielt zum Leuchtturm.*

Während die Gespräche ihren Gang nehmen und die Sonne untergeht, ist klar, dass die Frauen viel über sich selbst erfahren haben, indem sie das Risiko eingegangen sind, ihre individuellen alten Grenzen zu überschreiten.
Ich greife zur Tafel, um dort die neuen Regeln festzuhalten, die die Frauen nun in ihr Leben integrieren sollen; »Rettungsleinen für eine Veränderung« nenne ich sie. *Werden Sie aktiv. Stürzen Sie sich in ein Abenteuer. Sehen Sie Ihren Ängsten ins Gesicht. Packen Sie den Augenblick beim Schopf.*

Tolerieren Sie es, isoliert zu sein. Greifen Sie nach den Sternen.

Ich kann schon gar nicht mehr zählen, wie oft Skeptiker mich provoziert haben: »Wie soll denn das alles in gerade einmal fünf Stunden passieren?« Meine Antwort: »Es ist erstaunlich, was einer Frau alles geschehen kann, wenn sie sich nur die Zeit dazu nimmt.« Die Erfahrung, eine Exkursion in die Einsamkeit zu unternehmen – egal ob lang oder kurz –, sich an einen abgelegenen, unbekannten Ort in der Natur zurückzuziehen, löst zwangsläufig eine ganze Reihe von Gefühlen aus, schafft neue Impulse und originäre Gedanken.

Außerdem handelt es sich um eine bleibende Erfahrung für diese Frauen. Viele, die an einem Retreat teilgenommen haben, schrieben mir, wie der Effekt, den der Spaziergang auf sie ausübte, sie danach weiterhin beeinflusst hat.

> *Ich kehrte nach dem Wochenende verändert nach Hause zurück. Ich fühlte mich irgendwie selbstsicherer. Aber es war mehr als nur das. Es war, als wäre ein Teil von mir aus einem langen tiefen Schlaf erwacht. Bis dahin war ich zerstreut, konfus. Die verschiedenen Anteile von mir – Ehefrau, Mutter, Tochter, Freundin – waren alle da, doch es klafften auch Lücken. Wo waren die fehlenden Teile? Das machte mir Angst, denn ich wusste nicht, wie diese Stücke aussehen würden, falls ich sie überhaupt fand. Außerdem: Gab es denn wirklich irgendwelche Teile zu finden?*
>
> *Auf dem Spaziergang, musste ich mir gut zureden, um mich entspannen zu können. Mir war kalt, ich war desorientiert, zerstreut, und der verfluchte Leuchtturm schien ewig weit weg. Aber dann entwickelte ich so eine Art Durchhalteparole – die Flut zog sich von der Küste zurück, der Sand wurde härter, ich fand eine gemütliche*

Gangart und ging los. Mir wurde klar, dass ich jedes Schlagloch auf meinem Weg umgehen konnte.
Wir bestehen nicht einfach nur aus ein paar Einzelteilen, und dennoch scheinen wir nie die Zeit zu haben, die fehlenden Teile zu finden und die einzelnen Punkte miteinander zu verbinden, wie wir das als Kinder in den witzigen Malbüchern immer gemacht haben. Es war so ein Spaß, eine weiße Seite mit lauter Punkten anzuschauen, aus denen sich, wenn wir fertig waren, dann das Gesamtbild ergab. Der Spaziergang am Strand erlaubte es mir, diese Punkte miteinander zu verbinden. Natürlich fand ich einige wichtige Teile, die mir für mein Puzzle fehlten. Ich ging wild entschlossen nach Hause, diese Arbeit zu Ende zu bringen, und zwar egal, wie lange ich suchen musste und wie hart die Arbeit auch sein würde.

Und wie wir so an unserem Wein nippen und zuschauen, wie die Sonne den Himmel färbt, erhebe ich mein Glas auf diese Pilgerinnen: »Sie haben die Schwelle überschritten und sind auf dem Weg zu einem reicheren Leben.«

Schnitzeljagd für Ihre Seele

Ein Psychiater behauptete einmal, dass man unmöglich deprimiert sein könne, wenn man aktiv sei. Der Mönch Thomas Merton hatte eine Variation zum selben Thema auf Lager, als er sagte: »Beim Anblick von ein paar Bäumen kann man gar nicht neurotisch sein.« Ich hatte schon lange festgestellt, dass die Natur ein Labsal für die Seele einer Frau ist. Sie gibt selten direkte Antworten, aber sie nährt, beruhigt und tränkt den Geist immer, so dass letztendlich Wachstum eintreten kann. Starke, ruhige Orte in der Natur vermögen irgendwie unsere rauhen Kanten zu glätten. Im Wald, auf einem Tafelberg, neben dem Teich, unter einem Wasserfall, auf dem Gipfel eines Berges verschwinden Verwirrung, Wut und Trauer. »Dem stillen Geist«, sagt Lao-Tse, »erschließt sich das gesamte Universum.«

Wohin würden Sie für einen längeren Aufenthalt allein in der Natur gehen? Stellen Sie sich eine Umgebung vor, die so ursprünglich, unvertraut und unbegrenzt wie nur möglich ist. Es ist besser, wenn Sie noch nie dort waren und wenn Sie noch nie dergleichen getan haben. Ihr Aufenthalt muss nicht körperlich strapaziös sein, sollte Sie aber eine Weile aus Ihrer gewohnten Umgebung reißen. Ich würde Ihnen vorschlagen, mindestens vier Stunden einzuplanen, um wegzugehen und aktiv etwas zu tun. Sie müssen sich Zeit lassen, um Anfang, Mitte und Ende wirklich zu erfahren. Bei seelischen Prozessen gibt es keine Abkürzung. Sie müssen sich die Zeit nehmen, zu straucheln und wieder hochzukommen, auszuruhen, bevor Sie weiterhasten; Sie müssen sich unter einen Baum setzen, in einer dunklen Höhle verweilen, bevor Sie wieder ans Tageslicht treten. Am stärksten wirkt solch eine Reise immer in der Phase, wenn Ihr Körper müde wird, die Umstände am widrigsten sind und Sie insgeheim auf Rettung hoffen. Wie Joan Erikson sagen würde: »Der Kampf, das Ziehen und Zerren sind alles.«

Würden Sie einen Wüstenweg auf einen Tafelberg hinaufgehen? Ein Stück auf einem bekannten Pfad marschieren? Einen Tag lang Skilanglauf machen? Wie wäre es mit einer Kajaktour oder einem Wildwasserabenteuer? Mit einem Campingausflug über Nacht? Wie beim Strandspaziergang sollten Sie sich überwinden und alleine losziehen. Wenn Sie mit einer Freundin gehen, stellen Sie sicher, dass Sie mindestens zwei Stun-

den für sich alleine sind. Je mehr Zeit Sie für sich haben, desto besser ist es. Lassen Sie bei dem Aufenthalt Ihrem Geist freien Lauf. Machen Sie einen Spaziergang, rennen Sie, streifen Sie herum, treten Sie mit Ihrer Umgebung in Verbindung und genießen Sie die Stille. Wenn eine Idee oder ein Gegenstand sich Ihnen aufdrängt, Sie nicht mehr loslässt, finden Sie heraus, was sie oder er Ihnen zu bieten hat. Diese Art unerwarteter Austausch erhöht Ihre Lust am Leben.
Bevor Sie gehen, packen Sie Ihr Tagebuch in eine Tasche. Stecken Sie außerdem die Liste mit Dingen ein, nach denen Sie Ausschau halten wollen, um sich auf diese Weise in die von Ihnen gewählte Umgebung einzufügen. Sobald Sie sich an Ihrem Aufenthaltsort wohl fühlen, sollten Sie das Tagebuch herausholen und eine Schnitzeljagd für Ihre Seele machen. Halten Sie Ausschau nach:

- einem Objekt, das vollendet ist
- einem Stein, der zu Ihnen »spricht«
- einem Klang, der Sie anrührt
- einem unerwarteten Anblick
- etwas, das lebendig ist
- einem Objekt, das ein anderes stützt.

Denken Sie über jeden Gegenstand nach, den Sie finden. Was kann er Ihnen über Ihr Leben, Ihre Gefühle, Ihre Ziele sagen? Die Schnitzeljagd soll Sie auf das Hier und Jetzt sowie auf Ihre Umgebung konzentrieren, Sie aber auch ablenken, wenn Sie körperlich erschöpft sind.
Nehmen Sie eine Weile Platz und denken Sie nach, bevor Sie zu den anderen zurückkehren.

Die Visionssuche der Navajo-Indianer

Viele Indianerstämme in Amerika verlassen ihr Dorf und gehen in der Wildnis auf Visionssuche, um mit ihrem inneren Selbst in Kontakt zu kommen. Sie suchen sich einen Flecken Erde, der zu ihnen »spricht«, sie sammeln Steine, um daraus einen Kreis um sich herum zu errichten, und setzen sich dann vierundzwanzig Stunden lang in die Mitte dieses Kreises, um zu lauschen, was ihr Herz oder der Große Geist ihnen zu sagen hat.

Etwas an der Disziplin, sich Zeit zum Weggehen zu nehmen und sich ohne Ablenkungen zu konzentrieren, sprach mich an, und so unternahm ich während meines Jahres am Meer meine leicht abgewandelte Version dieser Visionssuche. Ich fand ein herrliches Plätzchen an einem abgelegenen Abschnitt des Strandes hier. Dort konnte ich mich an eine Verpfählung lehnen, und ich machte es mir zur Gewohnheit, mich einmal die Woche an dieser Stelle einzufinden.

Am jeweiligen Tag spaziere ich im Morgengrauen gemächlich zu meinem Plätzchen, sammle unterwegs Muscheln und ordne sie im Kreis in der Nähe der Verpfählung an. Sobald ich in »meinem Raum« bin, lasse ich mich im Schneidersitz nieder und bleibe an die dreißig Minuten so sitzen, wobei ich auf meine Atmung achte und im Rhythmus des Ozeans ein- und ausatme, Gedanken ausblende, Geräusche und Gerüche willkommen heiße und mich auf sie konzentriere. Innerhalb von etwa zehn Minuten wendet sich meine Aufmerksamkeit immer einem Wort zu, einer Intention oder einer Neigung – oder sonst etwas, das meinem Tag und der kommenden Woche Bedeutung verleiht. Nachdem ich mich in diesem geistigen Raum verloren habe, fühle ich mich erfrischt und auf eine spirituelle Weise »gesättigt«.

Ich schlage diese Übung den Retreat-Teilnehmerinnen immer

als eine Möglichkeit vor, um zu ihrer persönlichen Mitte zu finden, bevor sie zu ihrem Strandspaziergang aufbrechen. Eine Frau gestand mir, dass es ihr schwerfalle, stillzusitzen, und dass sie Schwierigkeiten habe, an einem Ort wie dem Strand nicht gleich loszulaufen. Sie befolgte meinen Rat aber trotzdem, zog im Sand einen Kreis und setzte sich in dessen Zentrum. Nach langer Zeit fühlte sie sich erstmals in ihrem eigenen Raum sicher und vor anderen geschützt durch die Grenze, die sie im Sand selbst markiert hatte; und sie war in der Lage, sich so gut zu konzentrieren wie nie zuvor.
Wenn wir mit der Zeit ein immer besseres Verständnis dafür entwickeln, dass wahres Wissen von innen kommt, ist die »Visionssuche« eine Möglichkeit zu gewährleisten, dass wir auf dem richtigen Kurs bleiben.

Abschließende Zusammenfassung des Kapitels

- Befreien Sie sich von Ihrer Last.
- Unternehmen Sie allein ein Abenteuer.
- Nehmen Sie die Bildersprache der Natur wahr.
- Packen Sie den Tag beim Schopf.

Zeit der Stille

Es war mir nie klar, wie viele Frauen sich nach Stille sehnen, bis ich anfing, eintägige Workshops anzubieten. Diese Tage gestalten sich als eine Mischung aus Vorträgen, die ich halte, kreativen Übungen, die die Frauen unter meiner Anleitung durchführen, sowie mehreren Arbeitsblättern, die sie ausfüllen müssen. Die Veranstaltungsorte sind ganz unterschiedlich – Kirchen, Camps, Konferenzräume in Hotels, ja sogar ein Treibhaus war einmal dabei. Ein absolutes Muss bei jedem Workshop ist jedoch eine »Reise« von dreißig Minuten allein für sich. Diese halbe Stunde reicht natürlich nicht an den Strandspaziergang am Samstag heran, und manchmal ist das einzige Zeichen von Natur ein Kübel mit einem Farn in der Hotellobby. Aber während des Jahres, das ich allein verbrachte, verstand ich allmählich, dass die Stille eine Freundin von unschätzbarem Wert ist. Wenn wir still sind, entwickeln sich nämlich unsere Gefühle ganz natürlich weiter, unsere Gedanken ordnen sich, und wir können unseren Träumen lauschen. Viele Frauen haben allerdings Angst vor Stille. Für sie ist sie gleichzusetzen mit Isolation und Einsamkeit, oder sie reißt die Mauern ein, die sie über Jahre hinweg mühselig um ihren Kummer herum errichtet haben. Zu viele Frauen muss man zu einer Zeit der Stille regelrecht überreden, und deshalb schicke ich die Teilnehmerinnen meiner Workshops immer los, um sich irgendwo in der Nähe einen stillen Platz zu suchen, ein Wort, ein Bild für ihr Leben – egal wo die Veranstaltung stattfindet. Kürzlich, bei einem Retreat in einer Kirche, bat ich dreihundert Frauen, sich in aller Stille einen friedlichen Ort zu suchen. Geräuschlos machten sie sich auf den Weg. Einige gingen zum Altar und ließen sich dort nieder; eine setzte sich ans Klavier. Wieder eine andere zog sich in die Empore zurück. Andere packten ihre Parkas und Regenschirme – draußen schüttete es in Strömen –, um im Kirchhof eine Runde zu drehen. Ein paar gingen zur Sonntagsschule und wieder andere in den Kindergarten, wo sie sich auf die kleinen Stühle setzten oder auf den Boden im dunklen Gang. Welchen Ort die Frauen sich auch als Zuflucht ausgesucht hatten, keine wollte nach einer halben Stunde zurückkommen. Sie waren nicht bereit, ihre Gedanken, ihren Platz, ihre neuen Intentionen oder die Stille zu verlassen. Man braucht keinen herrlichen Strand oder einen majestätischen Berg oder die roten Felsen von Sedona, um für sein Leben eine neue Richtung zu finden. Bei den meisten von uns ist eine unbestimmte Zeitlang gedankenvolle Stille absolut ausreichend.

Was ich am Strand gefunden habe

Ich habe so ein knorriges Stück Treibholz gefunden mit einer Muschel, die sich in einer Ritze verfangen hatte. Ich *bin* diese Muschel, weil ich es zugelassen habe, mich in den Klauen anderer zu verfangen.

Ich habe so einen alten Königskrebs gefunden. Seine Schale war in einem solchen Ausmaß mit Seepocken bedeckt, dass er aus eigener Kraft nicht mehr mit der Flut ins Meer gelangen konnte und dazu verurteilt war, am Strand zu sterben. Auch ich bin – von Seepocken niedergedrückt – zu diesem Retreat gekommen. Als ich nach der Bekanntschaft mit diesem edlen Königskrebs meinen Spaziergang fortsetzte, fing ich an, die Seepocken an mir abzuzupfen, damit ich nicht am Strand festsitzen und sterben musste. Ich entfernte die bösen Stimmen, die traurigen Freunde, die Versagensängste, die Missachtung meines Körpers und noch vieles mehr. Ich werde wohl noch eine gute Weile weitermachen müssen, bis ich wirklich frei von all dem bin.

Ich hob eine schöne, leere Muschel auf und hielt sie mir ans Ohr, um das Rauschen des Meeres zu hören – wie früher als Kind. Ich musste mich anstrengen, um trotz der Schreie der Möwen, des Heulens des Windes und des Tosens des wilden Ozeans etwas zu hören. Ich musste lernen, mich anzustrengen, meine eigene Stimme zu vernehmen und die anderen um jeden Preis abzublocken.

Ich fühlte mich vom Tang angezogen – jede Menge grüne, samtene Kordeln, die alle irgendwie miteinander verheddert waren. Zuerst ging mir durch den Kopf, in welchem Ausmaß ich mich selbst verheddert hatte, doch dann konzentrierte ich mich auf meinen Fund. Er ist so üppig und fruchtbar. Die Leute sammeln Tang, um ihn im Garten als Dünger zu verwenden. Wenn ich mich in so »guter Medizin« verfangen habe – guten Menschen, guten Ideen –, bleibe ich üppig und fruchtbar. Entfernen muss ich nur den trockenen Tang und die zerbrochenen Muscheln.

Ich habe ein paar Austern gefunden, die aneinanderklebten und übel stanken. Aha, dachte ich, wenn wir aneinanderkleben, gibt die Beziehung einen üblen Geruch ab. Ich will lieber frei herumfliegen wie die Möwen, egal wohin der Wind mich trägt.

Ich schaute in den nassen Sand und sah Hunderte von Möwenspuren, die in jede Richtung verliefen. Ich lächelte, weil sie mich daran erinnerten, wie meine Fußspuren im Moment wohl aussehen mussten – so viel zu tun und in so viele Richtungen zerstreut. Mitten in den Spuren fiel mir ein halb eingegrabener Stein in der Form eines Herzens auf. Er erinnerte mich daran, dass ich mich mehr um mich selbst kümmern musste.

Körper und Seele

»Wenn wir etwas vernachlässigen, das uns wirklich wichtig ist, dann drängt es sich uns auf.« PAULA REEVES

Der körperliche Aspekt

Nach einem langen Spaziergang am Strand und dem anschließenden Gedankenaustausch fühle ich mich meistens in Hochstimmung und gleichzeitig unruhig – in Hochstimmung wegen der vielen Frauen, die sich durch die Erfahrung verändert und weiterentwickelt haben, und unruhig wegen weniger Teilnehmerinnen, bei denen das nicht der Fall war. Bei ihnen kann ich die Angst erkennen, die sich breitmacht, sobald die anderen Frauen von ihren Entdeckungen erzählen, und ich spüre ihre Enttäuschung, ja manchmal sogar Scham, dass sie außen vor geblieben sind. Diese Frauen hatten sich entschlossen, lieber in der Pension zu warten, sie stiegen nie aus dem Boot aus oder kehrten zurück, nachdem sie einen Blick auf die Robben geworfen hatten; oder sie machten den Spaziergang, bauten aber Widerstände gegen die Erfahrung auf. Welche Gründe auch immer mitspielten, ob sie nun meinten, keine Kondition zu haben, zu dick zu sein oder sich aus medizinischen Gründen irgendwie nicht dazu in der Lage sahen, all diese Frauen waren jedenfalls unfähig, sich selbst und ihrem Körper zu vertrauen.

Der Strandspaziergang ist ein Test – eine körperliche Herausforderung, die die Frauen zwingt, an einem isolierten, unbekannten Ort in freier Natur auf sich selbst zu vertrauen. Getestet werden ihr Durchhaltevermögen und ihre Fähigkeit, sich auf eine »Reise« zu begeben, bei der es keine Schlupflöcher gibt. Der Ausflug soll ihre Fähigkeit herausfordern, ihre Seele für das Unbekannte zu öffnen – eine grenzenlose, unkontrollierbare Erfahrung – und auch der Einsamkeit zu begegnen. Doch vor allem bedeutet der Strandspaziergang einen körperlichen Grenzgang.

Unterwegs achtet man ganz unwillkürlich auf seinen Körper. Das Herz rast, der Puls schlägt schneller, die Beine werden wie Blei im Sand, Schuhe und Kleidung wiegen schwer von der Gischt, und man kühlt im Wind aus. Wozu einen derartigen »Ritt« unternehmen? Weil dieses lange, anstrengende Abenteuer die Frauen vor allem dazu zwingt, sich ihrer emotionalen und physischen Fähigkeiten zu versichern. Wie Joan Erikson es formulierte: »Um letztendlich nicht zu versagen, muss man sich auf sich selbst verlassen können und wissen, dass man eine Sache in den Griff kriegt.«

Für mich ist es immer wieder überraschend, wie vielen Frauen es leichter fällt, sich einem emotionalen Test zu unterziehen, also ihr Herz und ihren Verstand neuen Perspektiven zu öffnen, als sich um ihren Körper zu kümmern – ganz zu schweigen davon, ihn wirklich einmal auf die Probe zu stellen. Für viele Frauen ist der rein physische Akt eines Strandspaziergangs schon zu stressig und lässt sie an sich selber zweifeln. Während des Jahres, das ich allein für mich verbrachte, erkannte ich jedoch, dass ich aus meinen Tagen nichts machen konnte, wenn ich meinen Köper nicht mit in die Gleichung einbezog. Wir müssen uns mit ihm wieder vertraut machen und lernen, auf seine Fähigkeiten zu bauen, nicht nur um seine Stärke zu erkennen, sondern auch um seine Schönheit zu entdecken. Spirituelle Erleuchtung geht Hand in Hand mit physischer. Doch dies ist am Anfang recht beängstigend, weil so viele von uns dazu erzogen wurden, ihrem Körper nicht zu viel Gewicht beizumessen, so dass sie ihn eigentlich gar nicht kennen.

Ich stelle da keine Ausnahme dar. Lange habe ich es vermieden, mich anzuschauen, vor allem nackt. Ich sprang immer aus der Dusche, griff nach einem Handtuch und wickelte es mir um die Taille, wobei ich mich immer mit dem Rücken zum Spiegel bewegte, so dass ich keinen Blick auf meine wahrlich nicht perfekten Kurven und Ausbuchtungen werfen musste. Vor meiner Hochzeit schaute ich noch in den Spiegel und arbeitete hart daran, das, was sich mir darbot, durch Diäten und Sport zu korrigieren. Ich hatte mich bloß einmal zuvor intensiv mit meinem Aussehen beschäftigt, als mich nämlich meine Mutter zu einem Schönheitswettbewerb angemeldet hatte. Ich brachte damals mein Fleisch in die wünschenswerte Form, vor allem der Männer und der Gunst des Publikums wegen. Es dämmerte mir nie, dass ich meinen Körper aus gesundheitlichen Gründen hegen und pflegen oder ihn in Ehren halten könnte, weil er mir tagtäglich so gute Dienste leistet.

Selbst als ich nach Cape Cod zog und gezwungen war, Holz zu hacken, Schnee zu schaufeln, Laub zusammenzurechen und Muscheln in einer Geschwindigkeit von den Schalen zu befreien wie die anderen Angestellten vom Fischmarkt auch, hielt ich meine Körperkräfte für eine Selbstverständlichkeit und schenkte ihnen kaum Beachtung. Ich aß und trank, wonach mir der Sinn stand, schob die Routineuntersuchungen beim Arzt vor mir her, und kleine Freuden wie ein langes Schaumbad oder hin und wieder eine Massage ließ ich gleich ganz sein. Außerdem war ich schließlich weggerannt, um zu mir selbst zu finden und mehr inneren Frieden zu erlangen, und nicht, um mir Gedanken wegen meines Aussehens zu machen.

Ich schätze, ich wurde von Anfang an zu einer »Verkörperung des Weiblichen« erzogen, ein Begriff, mit dem Gloria Steinem die Psyche von Marilyn Monroe charakterisierte. Steinem zufolge war Marilyn Monroe wie besessen, so zu werden, wie sie meinte, dass andere sie haben wollten – das heißt, sie perfektionierte ihre Rolle – ihr Aussehen –, anstatt ihre Innenwelt zu erforschen. Ihr Körper war ihre Leinwand, doch er stand in keinerlei Verbindung zu ihren Bedürfnissen, Gedanken und Wünschen.

So viele Frauen werden Opfer dieses gefährlichen Syndroms. Sie betrachten den Körper als ein Mittel, um andere zufriedenzustellen, als Möglichkeit dazuzugehören und im schlimmsten Fall wohl als etwas, hinter dem man sein wahres Wesen verstecken kann. »Körperängste«, sagt Clarissa Pinkola Estés, »rauben einer Frau ihre Kreativität und ihre Aufmerksamkeit anderen Dingen gegenüber. Selbst wenn der Körper den Geist schützt, unterstützt und befeuert, selbst wenn er ein Arsenal an Erinnerung und Begierde ist, sehen die meisten ihn als die Wurzel jeglichen Unglücks.«

Ich machte da keine Ausnahme, als ich mich in Hüftgürtel und Push-up-BHs zwängte. »Figurprobleme«, wie meine Mutter das nannte, wurden durch geschickte Kleidung kaschiert, so dass Formen, Stimmungen und Eigenheiten allesamt mit dem allgemeinen Schönheits- und Verhaltensideal konform gingen. Mit der Zeit bedeutete mir mein Körper nicht mehr als die Projektion der Maske, die zu repräsentieren man mich erzogen hatte. Mein Innenleben konnte ich vergessen – diese verborgenen, dunklen, geheimen Orte, die alle möglichen Körpersäfte hervorbrachten, wo schmutzige Dinge passierten und schmutzige Gefühle ihren Anfang nahmen. Ich war wirklich in einem solchen Ausmaß von meinen inneren Prozessen entfremdet, dass ich ein Hypochonder wurde und ständig in der Angst lebte, dass mich mein Körper – weil ich ihn ja nicht

kannte – im Stich lassen könnte. Und so wurde die Kluft immer größer – ich lebte in Äußerlichkeiten und leugnete, dass es überhaupt ein Innenleben gab, wobei ich ständig meine Fähigkeit, auf meine physische Kraft zu vertrauen, unterlief. Ich ließ Mahlzeiten aus und trank aus Pulver angerührte Getränke, um schlank und gesund auszusehen. Wenn mein Mann abends nach Hause kam, zog ich mein zerschlissenes T-Shirt aus, fuhr mir mit dem Kamm durch die Haare und legte rosa Lippenstift auf, damit ich fröhlich und adrett aussah.
Aber wie Alice Miller es so treffend formulierte: »Unser Intellekt lässt sich täuschen, unsere Gefühle lassen sich manipulieren, unsere Wahrnehmung lässt sich verwirren, unser Körper lässt sich durch Medikamente austricksen, aber eines Tages bekommen wir von unserem Körper dann die Quittung, denn er ist so wenig bestechlich wie ein Kind, das ob seiner geistigen Ganzheit keine Kompromisse oder Ausreden akzeptiert und nicht aufhört, uns zu plagen, bis wir endlich mit der Wahrheit herausrücken.«

Dem eigenen Körper gegenüber aufrichtig sein

Mein Körper ließ seinen Weckruf hören, als ich an Neujahr an einem Fünf-Kilometer-Lauf teilnahm. Ich erreichte die Ziellinie japsend, keuchend und halbtot, aber geschafft hatte ich es, denn meine starken Beine und beherzten Lungen hatten sich mit meinem entschlossenen Geist zusammengetan. Ich empfand ein Gefühl des Triumphs und gleichzeitig enorme Demut. Obwohl ich vor diesem dämlichen – kostümierten – Rennen nicht eine Minute trainiert hatte, hatte mein alter Körper irgendwie durchgehalten. Als ich mich nach unten beugte, um meine zitternden Beine zu entkrampfen und ein paar Mal tief ein- und auszuatmen, musste ich meinen Körper

schließlich würdigen und anfangen, ihm ein Minimum an Fürsorge und Aufmerksamkeit zuteilwerden zu lassen. Joan Erikson hatte mich seit geraumer Zeit vorgewarnt. »Du wirkst nicht gerade straff«, sagte sie in ihrer typisch trockenen Art. »Du schaust aus, als wärst du immer noch schwanger.«
Nach dem Lauf nahm ich ihre kleinen Spitzen ernst. Mir fiel auch auf, dass sie regelmäßig zum Joggen ging und sich gesund ernährte, und zwar nicht, um gut auszusehen, sondern um nicht in einem Körper zu stecken, der schwach, verletzt und unkooperativ war. »Unser Körper ist unsere Macht«, wiederholte sie immer wie ein Mantra. »Jedenfalls ist er das einzige Gefäß, mit dem wir zurechtkommen müssen – eine transportable Welt – ein Wunder eigentlich. Man muss seinem Körper gegenüber Zutrauen empfinden«, fuhr sie fort. »Er hat wirklich die Fähigkeit, uns durch so ziemlich alles hindurchzutragen.«
Und als ich dann beschloss, den Inka-Trail zu wandern, zog ich enorme Kraft aus ihrem Glauben an ihren Körper und war erpicht auf ihren Rat wie auch auf ihre Ermutigung.
»Wie viel Zeit ist noch, bevor du losziehst?«, wollte sie wissen.
»Acht Wochen«, antwortete ich.
»Ach, dann bleibt uns ja mehr als genug Zeit für dein Training«, meinte sie erleichtert.
Seit dem Fünf-Kilometer-Lauf hatte ich regelmäßig gejoggt, und Joan schlug mir vor, auf diesem Anfang aufzubauen. »Warum kommst du nach deinem Morgenspaziergang nicht her und gehst eine halbe Stunde aufs Laufband, um dann dein Training noch mit ein paar Treppenstufen abzuschließen?«
»Treppen?«, fragte ich. Sie war felsenfest davon überzeugt, dass ich jeden Berg erklimmen könnte, wenn ich die zwanzig Treppenstufen, die zu ihrer Terrasse hinunterführten, mit einem vollgepackten Rucksack auf dem Buckel zehnmal hinauf- und hinunterginge.

»Dein Verstand wird dir ein Schnippchen schlagen wollen, meine Liebe, vor allem in großen Höhen. Du willst dann, dass deine Muskeln etwas tun, was dein Verstand nicht möchte. Du hast ja gesehen, wie dein Körper deinen Traum unterstützt hat, den Fünf-Kilometer-Lauf zu schaffen«, fuhr sie fort. »Dieses Abenteuer mit dem Inka-Trail ist der ultimative Test. Du musst einfach gut vorbereitet sein, wenn du losgehst.«

Und so fing das Training also an – fünf Tage die Woche. Jedes dieser Schnuppertrainings, wie ich sie nannte, half mir, mehr Zutrauen zu meinen körperlichen Fähigkeiten zu gewinnen. Joan hatte mir seit langem gesagt, dass ich nicht in meinem Kopf, sondern in meinem Körper leben solle, und ihre Freude über meine Fortschritte hatte etwas Ansteckendes. »Du wirst schon sehen – Aktivität und Bewegung werden dich mit vereinten Kräften auf eine neue Stufe in Sachen Glück und Visionen bringen.« Und so war es in der Tat. Während ich mit meinem Training weitermachte, passierte etwas, das ich nie für möglich gehalten hätte. Ich empfand mit der Zeit eine Art Zusammenfließen – mein Körper und meine Seele waren keine getrennten Einheiten mehr. Mit jeder Dehnung verband ich mich mehr mit meinen Muskeln, Sehnen, Gliedern und Organen. Da ich keine geballten Fäuste mehr hatte, war ich offen für den Versuch, ein Hindernis oder auch eine Entfernung zu überwinden, um ein anderes zu erreichen. Während mir der Schweiß über die Stirn lief und ich ein höheres Niveau im Aerobic-Kurs erreichte, erlebte ich mit der Zeit eine wahre Lust am Sport wie auch an der Trekkingtour. Meine Lungen arbeiteten hart – wie ein Akkordeon auf einer endlosen Hochzeitsfeier. Muskeln ersetzten schlaffes Fleisch, und ich baute eine Körperkonstitution auf, die mir half, mein Leben zu leben und jede Gelegenheit oder auch jedes Abenteuer, das sich mir bot, beim Schopf zu packen.

Als ich schließlich nach vier Tagen Trekking auf dem Inka-

Trail am Sonnentor stand – dem Höhepunkt der Tour –, empfand ich einen physischen wie auch spirituellen Triumph. Mein Körper und ich hatten die enorme Höhe, die Unbill des Wetters, das gefährliche Terrain und an einem Tag sogar einen Nonstop-Marsch von vierzehn Stunden geschafft. Als ich die alte Stadt betrat, lag in meinem Schritt ein neuer Stolz – ich ging an Touristen vorbei, die mit dem Zug gekommen waren anstatt zu Fuß auf dem Trail. Ich war wie neugeboren und bereit zu noch mehr.

Eine neue Perspektive in Sachen Instandhaltung

Mehrere Frauen, die meine Retreats besucht hatten, erlebten ein ähnliches Erwachen. Joyce Ann – die Frau, die ihre Waage am Strand von South Beach vergraben hatte – wurde plötzlich die tiefe Verbindung zwischen körperlicher und spiritueller Gesundheit bewusst, als man bei ihr eine Blutkrankheit diagnostizierte. »Ich wollte diese Diagnose nicht akzeptieren, weil sie bedeutet hätte, die Verantwortung für meinen Körper aufzugeben. Genau in dem Augenblick, als ich Gefahr lief, diese Verantwortung zu verlieren, wurde mir klar, wie wichtig sie war.« Joyce Ann beschloss, sich einer Herausforderung zu stellen, um so über ihre Krankheit zu triumphieren: Sie trainierte zwölf Monate lang, um den Kilimandscharo in Tansania zu besteigen. Das war nicht ihr erstes Abenteuer. Sie war immer sportlich gewesen, und es hatte ihr viel Freude bereitet, sich draußen in der freien Natur aufzuhalten. Ihre Leidenschaft hatte sie bis in die Arktis zum Kajakfahren geführt und auch nach Alaska in den Denali-Nationalpark, wo sie zahlreiche aufregende Exkursionen unternahm. Doch ihre Vorbereitung auf den Kilimandscharo war etwas anderes.

Joyce Ann heuerte einen Trainer an und arbeitete mit ihm

zwei- bis dreimal die Woche. Sie konsultierte auch einen Ernährungsberater und einen Homöopathen. »Ich beschloss, alles, was an Erfahrungsschatz vorhanden war, zu nutzen, um meine sämtlichen körperlichen Belange zu besprechen. Ich konnte mir mein Leben ohne beeindruckende Erlebnisse in der Wildnis nicht vorstellen, und ich wollte nie in der Position sein, dass ich etwas tun wollte, mein *Körper* mich aber ausbremste. Meine Krankheit half mir zu erkennen, wie viel mehr Aufmerksamkeit ich nicht nur auf meine Fitness verwenden konnte, sondern für mein gesamtes Wohlbefinden.«

Als Joyce schließlich die Bergbesteigung in Angriff nahm, schaffte sie zwei Drittel der Strecke bis zum Gipfel, dann bekam sie Nasenbluten; es bildeten sich dadurch Eisklumpen in ihren Nasenlöchern. Sie hatte mit dem Berg einen Pakt geschlossen: Er sollte sie warnen, wenn die Zeit zum Umkehren gekommen sein würde. »Ich glaube, das ist jetzt *mein* Gipfel«, sagte sie zu ihrem afrikanischen Führer. »Ich bin weit genug gegangen.«

»Stimmt«, sagte er. »Und ich kenne keine afrikanische Großmutter, die es so weit geschafft hätte.«

Joyce Ann sucht das Abenteuer nicht nur, um das eine oder andere Ziel zu erreichen, sondern wegen der Unternehmung als solcher und der Lektionen, die jede Erfahrung sie lehrt. »Bergsteigen oder in der Wildnis zu trekken macht ganz unvermeidlich einen neuen Menschen aus einem«, sagt sie. »Der Mensch, der man war, als man losging, hat sich am Ende einer solchen Unternehmung verändert. Deswegen habe ich immer schon das nächste Abenteuer im Auge.«

Betsy aus Philadelphia begann sich ihre täglichen kleinen Abenteuer zu suchen, als sie zusehen musste, wie ihre Mutter langsam der Alzheimer-Krankheit erlag.

Als ich sah, wie meine Mutter allmählich dahinschwand, traf ich die Entscheidung, jeden Tag bewusst zu leben und nicht nur zu existieren. Unternehmungen und Energie-Tanken bekamen in meinem Alltag die höchste Bedeutung. Auch wenn eine Rückenverletzung mich zwang, mit dem Tennisspielen aufzuhören, fand ich schnell Ersatz und ging zum Kajakfahren und zum Fliegenfischen. Einen Bach hinaufzupaddeln und durchs Watt zu fahren, um dann anzuhalten und mich einfach eine Weile treiben zu lassen, war für mich eine Quelle der Ruhe, nach der ich mich so sehr sehnte. Mir dämmerte, dass mir, nachdem ich als Kind so viel in den Wäldern gespielt und Frösche, Marienkäfer und Würmer gefangen hatte, all diese Wunder gefehlt hatten und ich sie nun wiederhaben wollte. Als eine Freundin anrief und mich einlud, mit ihr den Montana-Fluss hinunterzufahren, zögerte ich zuerst, bis sie mir dann erzählte, dass der Veranstalter, der die Tour organisierte, Real Women (»Echte Frauen«) hieß. Da änderte ich meine Meinung. Wir angelten sechs Tage lang vom Floß aus und legten neunzig Kilometer zurück – mit nur zwei Frauen pro Floß und einem Führer in der Mitte. Die Erfahrung war wirklich beeindruckend. Es ist mir eine wahre Freude, beim Angeln in der freien Natur sein zu können, und ich fühle mich dabei mit meiner Kindheit verbunden. Ich habe gelernt, das Wasser zu deuten, stundenlang im Regen zu stehen, zu zelten, meine Angst vor Schlangen und Bären zu überwinden und allein zu sein. Ich habe, wenn ich angle, das Gefühl, dass ich meine Tage so erfüllt lebe, wie es mir nur möglich ist. Ich fühle mich gesund und glücklich, weil mein Körper und meine Seele auf das gleiche Ziel konzentriert sind. Gemeinsam sind sie gelassen und stark.

Ich stelle fest, dass ich mich zu Menschen wie Joyce Ann und Betsy immer mehr hingezogen fühle – Frauen, die in ihrem Körper zu Hause sind und die tiefe Verbindung zwischen ihrem körperlichen und ihrem spirituellen Wohlbefinden mit Respekt behandeln; Frauen, die »physische Anwesenheit« erlangt haben. Man spürt gleich, welche Kraft diese Frauen aus Spaziergängen, Tanz, Yoga, Konditionstraining oder Joggen ziehen. An ihnen kann man eine innere Kraft erkennen, die nach außen abstrahlt. Ich habe früher oft Witze gemacht und gesagt, dass es grausam sei, eine Frau als stark zu bezeichnen; man würde so mit anderen Worten ausdrücken, dass man ihr immer noch mehr aufhalsen kann. Doch diese Frauen haben mir geholfen, Stärke als Gelassenheit und Perspektive zu betrachten. Sie sind stark, weil sie es geschafft haben, das richtige Gleichgewicht herzustellen – sie haben Körper und Seele vereint.

Die Frage lautet somit, wie wir für unsere Wünsche einstehen, uns einzigartig und wertvoll finden können und auf dieser Basis zu handeln vermögen. Ganz eindeutig wissen Frauen, deren Augen nach einem spannenden Erlebnis oder Wettlauf blitzen (oder die darum gekämpft haben, es zu lernen), besser, was es bedeutet, wirklich im Hier und Jetzt zu leben. Ihre Erfahrung, ihre Lebendigkeit sind offensichtlich. Sie durchlaufen nicht einfach so die einzelnen Gangarten des Lebens – sie streben nach ihrer wahren Existenz.

Nancy kam zu einem Wochenend-Retreat, kurz nachdem sie am Dubliner Marathon teilgenommen hatte. »Ich hätte nie den Mumm gehabt, irgendetwas zu tun – ich wäre nicht einmal zu dem Retreat hier gekommen –, wenn ich nicht angefangen hätte zu laufen«, sagte sie mir. »Ich war in meiner ungesunden Ehe wie gelähmt, arbeitete für einen elenden Chef und war in Minnesota im wahrsten Sinn des Wortes eingefroren – ich dachte, ich käme da nie raus.«

Nancy saß alle Aspekte ihres Lebens betreffend in der Klemme und hatte keinen Ort, wohin sie sich wenden konnte, bis auf ihren Körper. Sie hatte ihn zum Glück immer respektiert, sich aber selten auf ihn verlassen. Sie begann also ein Lauftraining – zuerst bis ans Ende der Straße und zurück, dann ein bisschen weiter, dann mit einer Freundin, die es sich zur Gewohnheit gemacht hatte, drei Kilometer am Tag zu joggen. Innerhalb von drei Monaten nahm Nancy zehn Kilo ab und meldete sich für einen Fünf-Kilometer-Benefizlauf zur Heilung von Brustkrebs an. Die Ironie dabei war, dass man zwei Monate später bei ihr rheumatische Arthritis diagnostizierte.

Man sagte mir aber auch, dass Laufen helfen würde, der Krankheit entgegenzuwirken. Anstatt jetzt also nur vor meiner schlechten Ehe und meinem Job davonzurennen, joggte ich, um einen klaren Kopf zu kriegen, um meine Stimmung zu verbessern, meine dummen Ängste zu besiegen und um mein Leben zu retten. Das Laufen hat mir geholfen, so zu werden, wie ich jetzt bin; es hat mir geholfen, mit meinen Gefühlen und Emotionen besser in Kontakt zu kommen. Ich empfinde die Welt um mich herum, aber auch was in mir ist, intensiver. Das Ergebnis ist, dass ich mein Leben mit mehr Leidenschaft lebe. Das Laufen hat mein inneres Wesen geformt und schließlich auch die Art und Weise, wie ich mich in dieser Welt gesehen habe und jetzt sehe. Ich lasse mich nicht mehr einschränken. Ich glaube, jeder braucht körperliche Aktivitäten, um mit sich selbst in Kontakt zu kommen.

Schluss mit der Misshandlung des eigenen Körpers

Wie Nancy, Betsy und Joyce Ann weiß ich, dass ich nicht perfekt bin, aber ich habe jetzt das Gefühl, dass mein Körper und meine Seele zusammenarbeiten; ich weiß, dass ich gut genug bin – gut genug, um einen Berg zu besteigen, meine Enkel herumzuschleppen, acht Kilometer ohne Verschnaufpause zu laufen oder einen Arbeitstag von zwölf Stunden durchzuziehen – und am Ende doch noch über Energie zu verfügen. Ich bin zu einer Frau geworden, die bestens in Schuss ist – ich besuche nicht mehr die diversen Schönheitssalons, sondern eher ein Fitnessstudio oder ein Wellnesscenter und bin immer auf ein spannendes Abenteuer oder sonst eine Verrücktheit aus, die für mich eine Herausforderung bedeuten könnte.

Was mich nun wieder zu den Frauen bringt, die die Bremse gezogen haben – diese Frauen in meinen Retreats, die nicht bereit waren, die Gelegenheit beim Schopf zu packen und aus ihrem Tag etwas Besonderes zu machen. Der Strandspaziergang soll die Verbindung zwischen Körper und Seele fördern, physische und spirituelle Wiederherstellung, so dass die Frauen schließlich ein Hochgefühl empfinden und sich stark fühlen. Aber bei einigen sind Angst und Kleinbeigeben zu eingefleischt, um sich überwinden zu lassen. Die gute Nachricht ist, dass die Übung mit den Lebensphasen uns helfen kann, Widrigkeiten als Stärken zu begreifen sowie als Möglichkeit, um zu wachsen, und zwar in jeder Situation. Ein vernachlässigter Körper lässt sich also immer wieder in Schwung bringen. Joan Erikson behauptete stets: »Mit dem Alter entstehen Unabhängigkeit und Wachstum, aber nur, wenn wir unseren Körper hegen und pflegen. Es ist einfach, der Umgebung oder dem Wind die Schuld an unseren Irrtümern und Rückschlägen zu

geben. Doch hinsichtlich unseres Körpers ist Selbstmitleid fehl am Platz. Lebenslanges Training ist erforderlich.«
Jede Frau, die mit dem Gedanken an Rückzug und Reparatur spielt, sollte dabei auch an ihren Körper denken. Wie bei allem gilt es, klein anzufangen – fangen Sie also damit an, diesem wundersamen Gefäß zu vertrauen, anstatt es zu ignorieren. Als ich langsam mit meinem Körper Freundschaft schloss, ließ ich Revue passieren, dass er immer für mich da war wie ein treuer Hund, dass er mehr Aktivitäten und Zuneigung wollte, dass ich ihn draußen in der Kälte gelassen oder vergessen hatte, ihm zu essen zu geben. Ich fordere Sie nun also auf, von der heimlichen Misshandlung Ihres Körpers abzusehen, indem Sie sich die folgenden Fragen beantworten:

- Was hat Ihr Körper im Lauf Ihres Lebens für Sie getan?
- Welche undankbaren Aufgaben und hilfreichen Dienste hat er übernommen?
- Was ist Ihr Körper tatsächlich in der Lage, für Sie hier und jetzt zu tun?
- Welche Körperteile (Knochenstruktur, Gesichtszüge, Angewohnheiten und dergleichen) sind das Erbe von entfernten Verwandten?
- Was ist positiv an Ihrem Körper?
- Was ist negativ an Ihrem Körper?
- Was können Sie in Ordnung bringen?

Nachdem Sie die Fragen beantwortet haben, machen Sie einen Kreis um alles, was positiv ist. Ich wage zu behaupten, dass an dem Gefäß, das Sie bewohnen, viel mehr gut als schlecht ist. Es ist Zeit, den Körper zu loben und ihm nicht mehr die tägliche Dosis an Missachtung und Kritik zuteilwerden zu lassen.

Ein Hoch auf die Eigenfürsorge

Der nächste Schritt ist, Körper und Seele gemeinsam zu hegen und pflegen. Die Gesellschaft trennt gern den Körper einer Frau von ihrer Seele, aber wir können uns gegen diese gefährliche Haltung wehren, indem wir überprüfen, wie wir mit uns selbst umgehen.

Im ersten Kapitel zitierte ich Clarissa Pinkola Estés, was die Beziehung einer Frau zu ihrer Seele angeht. Es lohnt sich, diese Überlegung hier zu wiederholen, denn was Estés über die Seele zu sagen hat, ist ebenso wichtig für die Beziehung einer Frau zu ihrem Körper:

> *Viele Frauen handhaben die Beziehung zu ihrer Seele so, als sei sie kein besonders bedeutendes Instrument. Doch wie bei jedem anderen wertvollen Instrument gilt es auch hier, es zu schützen, zu reinigen, zu ölen und zu reparieren. Sonst verrottet es – wie ein altes Auto – und verursacht im Leben einer Frau ein verringertes Tempo, veranlasst sie, auf die einfachsten Aufgaben enorme Energie zu verwenden, bis sie schließlich irgendwo auf einem einsamen Bergpass völlig zusammenbricht, weit weg von der Stadt und einem Telefon. Und dann ist es ein langer, langer Weg nach Hause zurück.*

Alle Frauen, die nach körperlicher Präsenz streben, nach einem Leben voller Abenteuer und Bestätigung, müssen lernen, ihren Körper und ihre Seele zu schützen, zu reinigen, zu ölen und zu reparieren. Wir alle haben versucht zu joggen, um ein paar überflüssige Pfunde loszuwerden; wir haben vor der Hochzeit unserer Kinder Diäten gemacht oder sind vor unserem Klassentreffen täglich spazieren gegangen. In den meisten Fällen haben wir es nicht geschafft, unser Ziel zu erreichen. Warum? Nicht, weil wir nicht in der Lage wären abzunehmen, die Muskeln zu stärken oder die Falten zu glätten, sondern weil unsere Ziele alle unsere Masken betreffen, nicht aber unser wahres Selbst. Sie müssen lernen, von innen nach außen an Ihrem Körper zu arbeiten. Anstatt körperliche Ziele zu definieren, wie die Oberschenkel zu straffen oder die Kleidergröße zu verändern, sollten Sie für sich einen Traum, eine Leidenschaft oder ein spirituelles Ziel definieren. Dann suchen Sie sich eine Aktivität, die damit einhergeht. »Nichts ist lohnender, als auf etwas hinzuarbeiten, das einem wertvoll ist«, sagt Joan Erikson. Ich bin aus einer Vielzahl von Gründen nach Machu Picchu gegangen. Ich beneidete meine Kinder, dass sie den Inka-Trail gewandert waren, und ich wollte wissen, ob ein derartiges Abenteuer für mich noch im Bereich des Möglichen lag. Aber ich wollte auch meinem ausgebrannten Geist neues Feuer geben, indem ich meine Kondition und meinen Willen testete. Und dabei entdeckte ich, welche Freude körperliche Fitness und Eigenfürsorge bereiten können.

- **Schützen:** In welcher Hinsicht können Sie sich selbst Schutz gewähren?
- **Reinigen:** Wie können Sie Ihr inneres Selbst reinigen, ihm Frieden geben, ihm Kraft und Segnungen zuteilwerden lassen?
- **Ölen:** Was würde es für Sie bedeuten, Ihren Körper und Ihre Seele zu »ölen«? Was ließe sich ihm an Gutem zuführen? Wie bei einem Wagen – welche Art Wartung und Treibstoff sind erforderlich, um ihn einwandfrei in Form zu halten?
- **Reparieren:** Wie könnten Sie die defekten Teile Ihres Körpers reparieren, und zwar heute noch – gleich jetzt? Welche größeren Reparaturen lassen sich für später einmal einplanen?

Wenn wir unseren Körper dahingehend trainieren, unsere Träume zu unterstützen, dann lernen wir, authentisch zu leben. Bei einem authentischen Leben geht es allerdings nicht darum, Berge zu besteigen oder Wettrennen zu gewinnen. Es kommt vielmehr darauf an, die gottgegebene Stärke unseres Körpers anzuerkennen und weiterzuentwickeln, damit wir ein möglichst erfülltes Leben führen können.

Abschließende Zusammenfassung des Kapitels

- Hören Sie auf, Ihren Körper zu misshandeln, und üben Sie sich in Eigenfürsorge.
- Trainieren Sie Ihren Körper, damit er Ihre Seele unterstützt.
- Kultivieren Sie Ihre »physische Präsenz«.
- Schwimmen Sie einmal nackt.

Im Evaskostüm im Whirlpool

Als ich das erste Mal ein Retreat an einem Ort mit Whirlpool veranstaltete, sprangen drei der Frauen nach dem Abendessen nackt hinein. Sie jauchzten vor Freude, weil sie sich getraut hatten, endlich einmal etwas »Ungezogenes« zu tun. Bald gesellten wir uns alle zu ihnen. Nach anfänglichem Zögern spritzten wir alle herum und lachten und quasselten ohne Ende. Niemand versteckte sich hinter einem Handtuch oder Badeanzug. Es waren dicke Frauen dabei, knochige, faltige und kurvige. Einige Frauen hatten Narben quer über den Bauch, einige hatten Dellen in den Oberschenkeln, einige hatten kaum einen Busen und andere Brüste, die bis zu den Rippenbögen hinunterwogten. Aber keine von uns scherte sich darum, wie die anderen aussahen. Es war eine erstaunlich befreiende Erfahrung, die ich nun immer wieder zu schaffen versuche, wenn sich die Gelegenheit bietet. Mit zwanzig anderen Frauen in den heißen Whirlpool zu gehen stärkt meine neue Erkenntnis, dass mein Körperbild aus dem Inneren kommt und mit Präsenz zu tun hat, nicht mit Perfektion. Toni aus Ohio teilte mir ihre Erfahrung mit, und sie zeigt, welch eine lohnende Herausforderung sie war.

Vor unserem Retreat hatte ich gehört, dass ein Nacktbad im Whirlpool zur Debatte stand. Ich wusste nicht recht, was ich davon halten sollte. Ich war immer körperbewusst. Ich habe eine relativ gute Figur. Ich mache Yoga, außerdem ein bisschen Krafttraining und gehe joggen. Aber mir schmecken auch Lakritze, Wein, Kekse und Eis. Ich habe jede Menge Cellulitis, die sich auf meine linke Hüfte zu konzentrieren scheint. Das ist schon in Ordnung – ich bin schließlich neunundvierzig –, aber ich komme nicht damit klar, dass sie nur die eine Seite befallen hat. Ich hätte immer gern längere Beine gehabt und auch einen größeren Busen. Meine ganze Anatomie ist schlaff und voller Narben. Manchmal bin ich stolz auf sie – etwa auf die Narbe an meinem Bauch und auf die kleine Ausbuchtung, die sich unterhalb abzeichnet – die ständige, sichtbare Erinnerung an meine beiden Kaiserschnitte. Andere Narben haben keine solche Bedeutung und erscheinen mir eher als Mängel. Ich habe fast mein ganzes Leben gemeint, ich könnte dünner sein, mein Bauch flacher, meine Schenkel straffer, wenn ich nur härter daran arbeitete. Was sollte ich also auf dem Retreat tun?

Natürlich ermutigte Joan uns alle, unsere Ängste zusammen mit unseren Kleidern in unseren Zimmern zu lassen und uns zu ihr in den Whirlpool zu gesellen. Ich warf einen prüfenden Blick in den Spiegel, bevor ich eine Entscheidung traf. Aber als es dann so weit war, hörte ich, wie all die anderen Frauen lachend an meinem Fenster vorbeiliefen. Ich bin nicht perfekt und werde es auch nie sein, aber ich bin zu dem Retreat gekommen, um mich von der Diktatur meiner negativen Gefühle und Unsicherheiten zu befreien. Also zog ich meine Jeans aus und streifte mir den Bademantel über.

In einen heißen Whirlpool kann man nicht schnell, anmutig und locker hineinsteigen. Es waren schon zehn Frauen im Wasser, als ich ankam, aber ich war die Einzige, die noch ihren Bademantel anhatte. Ich tauchte also dann doch ein und fühlte mich plötzlich mutig und selbstbewusst. Als die nächste Frau kam und dann eine Weile unsicher am Rand stand, sagte mir mein Instinkt, dass ich ihr unbedingt ins Gesicht sehen sollte, vor allem in die Augen – um sie ob ihrer Blöße zu schützen. Aber ich stellte fest, dass ihre Augen voll von Emotionen waren und ihre Persönlichkeit widerspiegelten. Anstatt Intimität zu vermeiden, hatte ich sie durch meinen Blick gefördert. Sobald ihre Augen mir zulächelten, wurde mir klar, dass ihr Körper und mein Körper irrelevant waren.

Natürlich sah ich die zig verschiedenen Figuren um mich herum. Aber ich war mir eigentlich eher eines Gefühls von Fülle und sanfter Konturen und vor allem von Geschichte bewusst. Es kam mir die Idee, dass der Körper einer Frau etwas Heiliges hat – ein Körper, der dazu angelegt ist, Trost zu spenden, zu behüten, zu halten und zu bewahren. Von welch unglaublicher Schönheit ich umgeben war. Mein eigener Körper erfuhr durch dieses Erlebnis eine Wertschätzung. Ich empfand Stolz in meinem physischen Selbst und lachte über das, was ich zuvor als Mängel wahrgenommen hatte. Mein Körper enthält meine Geschichte und auch meine Erfahrung. Ich bin real, und mein Körper ist ebenfalls real. Aber am wichtigsten ist, dass Schönheit sich nicht in Hüften oder einem Bauch findet, sondern in unserem Geist, in unserem Verstand und in unserer Seele.

Nicht alle Frauen können so ein Risiko auf sich nehmen wie Toni, doch die Idee, im Evaskostüm in den Whirlpool zu tauchen, veranlasst sie, mehr darüber nachzudenken, wie sie ihre eigenen Rituale finden können, um ihren Körper zu ehren. Neulich, während eines Retreats in Kalifornien, als sich die unvermeidliche Idee mit dem Nacktbad im Whirlpool bei den Teilnehmerinnen langsam durchsetzte, war eine Frau davon abgestoßen, was ich jedoch nicht wusste. Sie war abgestoßen, weil es den Anschein hatte, als würde ich darauf bestehen, dass man ohne das Ablegen der Kleidung nicht an der Erfahrung teilhaben könne. Sie gestand mir am Ende des Retreats, dass sie viele Probleme mit ihrem Körper habe; sie hatte jahrelang mit ihrer Bulimie und Anorexie zu kämpfen gehabt, war jetzt recht rundlich und konnte es einfach nicht ertragen, sich vor anderen auszuziehen. Auch wenn wir alle nicht den Eindruck erweckten, als wollten wir gleich ein Urteil fällen, hatte ihre Geschichte sie anderes gelehrt. Sie war also verärgert über mich und von sich enttäuscht. Aber im Lauf des Wochenendes war sie klug genug zu erkennen, dass dies *ihr* Problem war und dass es angesprochen werden sollte. Ihre Lösung? Ihre persönliche Whirlpoolerfahrung – nämlich in den Whirlpool zu steigen, als sonst niemand da war; so konnte sie die Freude an ihrem Körper langsam wiederfinden.

Sich nackt auszuziehen scheint ein Übergangsritual dazustellen für Menschen, die mit sich ins Reine kommen und den Körper akzeptieren wollen, wie er ihnen nun einmal gegeben ist. An den Wochenenden in Cape Cod nehmen sich die Frauen ihren Kaffee und kuscheln sich am Strand zusammen, um den Sonnenaufgang zu beobachten. An so einem Seminar war ich einmal mit ungewöhnlich vielen Frauen konfrontiert, die alle unbedingt die Sonne als großen orangefarbenen Ball am Horizont aufgehen sehen wollten; aber sie waren ganz klar auch noch auf etwas anderes aus. Als die Sonne aufging und die Fischerboote vorbeituckerten, um einen Tag auf dem Meer zu verbringen, zog sich eine Frau nach der anderen feierlich nackt aus und rannte ins Wasser. Innerhalb von Minuten planschten ein Dutzend Frauen oder mehr im Wasser herum. Sie waren schier entzückt, dass sie es endlich gewagt hatten, mit den Robben zu schwimmen, und dass sie ihren Plan wirklich durchgezogen hatten.

An anderen Wochenenden stoße ich auch oft auf Frauen, die sich an der Spitze von South Beach im Wasser treiben lassen und ebenfalls mit den Robben schwimmen; sie sind zufrieden mit sich, weil sie so tapfer waren, ins kalte Wasser zu gehen, sich vor anderen auszuziehen und schließlich diesen Kick zu empfinden, der sich einstellt, wenn man nackt schwimmt – keine einschränkende Kleidung zwischen Körper und Wasser. Es ist eine befreiende Erfahrung, eine Abweichung von den Regeln, etwas völlig Unkonventionelles, dem etwas Empörendes anhaftet. Ich schätze, dass aus diesem Grund kein Wochenende vergeht, ohne dass die eine oder andere Frau an ihre

Grenzen geht – und Freude an sich und ihrem Körper hat, egal was die anderen denken.
Joan Erikson meinte einmal, dass sich das Leben am besten im Freien genießen lasse – mit den Elementen, und je weniger Kleider, desto besser. Ich habe ihr Mantra nun also übernommen, seit ich beobachtet habe, wie viele Frauen sich dazu entschließen, die Chance beim Schopf zu packen und der Sinnlichkeit zu frönen und ihren Körper zu genießen.

Körper und Seele stärken

Die wichtigste Überlegung, wenn man seinen Körper reparieren will, ist die Erkenntnis, dass auch die Seele daran beteiligt ist. Die Frauen der Wochenend-Retreats haben viele Möglichkeiten gefunden, ihren Körper so zu modellieren, dass er ihren Träumen dienlich ist. Hier nun einige ihrer Vorschläge:

- Nehmen Sie am Muttertag am Benefizlauf zur Heilung von Brustkrebs teil.
- Lernen Sie Segeln, Kajakfahren, Fliegenfischen und Fallschirmspringen.
- Bieten Sie sich als Trainerin für eine Jugendmannschaft an.
- Erledigen Sie Ihre Einkäufe mit dem Fahrrad.
- Gehen Sie zu Fuß zur Arbeit und wieder nach Hause.
- Machen Sie eine zweitägige Bergwanderung mit Übernachtung auf einer Hütte.
- Melden Sie sich mit Ihren Freundinnen für eine längere Wanderung an.
- Planen und bereiten Sie einen zweitägigen Fahrradausflug mit Ihren Enkeln oder Kindern vor.
- Lassen Sie sich zur diplomierten Pilates-Lehrerin ausbilden.
- Nehmen Sie mit Ihrer Tochter an einer Veranstaltung wie »München schwimmt« teil.

Sonntagmorgen

DURCH REGRUPPIEREN GLEICHGEWICHT UND GRENZEN SCHAFFEN

Die Erwartungen von allen anderen erfüllen

»Wenn man bestimmte gesellschaftliche Gegebenheiten verlässt, zeitlich begrenzt in die Einsamkeit geht und dann ein paar Juwelen findet, verändert sich alles.«

JOSEPH CAMPBELL

Aufwachen

Am Sonntagmorgen ist die Pension dann von milder Euphorie erfüllt. Die Frauen strahlen über das ganze Gesicht; C. S. Lewis bezeichnet dies als »gefühlte Befriedigung: eine stille Freude, in die sich ein Gefühl von Dankbarkeit mischt«. Weil sie es gewagt haben, sich eine Auszeit zu nehmen und der Beziehung zu sich selbst höchste Priorität einzuräumen, erleben alle Frauen ein angehendes Gefühl von Sicherheit. Sie wissen, dass ihre Zeit gekommen ist, dass sie von den Wogen emporgetragen werden und nicht wie ein Schiff auf einer Sandbank festsitzen.

An diesem speziellen Morgen folge ich einigen Frauen, die zum Strand hinunterschlendern, um dort den Sonnenaufgang zu beobachten.

Eine Tasse dampfenden Kaffee in der Hand halte ich mich ein paar Schritte hinter ihnen, damit ich nicht störe, denn ich weiß ja, dass ihnen nur noch dieser eine Tag Einsamkeit bleibt.

Ich bin von ihrer Körpersprache positiv überrascht. Das ist ganz eindeutig nicht die Gruppe gebrochener, ängstlicher Frauen, die gestern oder vorgestern im Kreis gesessen und mich stillschweigend ersucht haben, ihnen einen Weg aus ihrer Verwirrung zu weisen. Allein der Art, wie sich ihre Schultern gelockert haben und ihre Beine wahre Luftsprünge vollführen, kann ich entnehmen, dass diese Frauen überaus zufrieden sind. Sie scheinen auch mit der Tatsache ins Reine gekommen zu sein, dass sie sich genau zur richtigen Zeit am richtigen Ort aufhalten, dass dieser Augenblick ausreichend ist, denn – wie Ecclesiastes sagt – »alles im Leben hat seine Zeit«. Es gibt also eine für die Mutterschaft, eine zu lieben, eine, mit andern in Kommunikation zu treten, eine Zeit, sich zurückzuziehen, eine, sich um andere zu kümmern – und eine Zeit, sich um sich selbst zu kümmern.

Von früheren Retreats weiß ich, dass die Frauen, wenn sie an ihrem letzten Tag an den Strand gehen, das Gefühl haben, es wert zu sein, einer bedeutungsvollen Zukunft entgegenzusehen. Sie erkennen jetzt, dass die Rollen, die sie ihr Leben lang bis zur Perfektion gespielt haben, so ziemlich ausgedient haben, und sie verstehen C. G. Jung, wenn er sagt: »Wer an etwas festhält, zerstört es.«

Innerhalb von nur sechsunddreißig Stunden haben die meisten Frauen ihr komplettes Inventar an Selbstbestimmung entwickelt, und es bereitet ihnen nun kein Problem mehr, Veränderungen gedanklich zu akzeptieren. Das Wochenende hat mehr als nur einen Kreislauf der Gezeiten durchlaufen, und diese Frauen auch. Sie haben sich an den Rhythmus von Ebbe und Flut gewöhnt; sie haben gespürt, wie die Küstenlinien ihres Lebens sich auflösen und neu formieren; und sie haben die Wellen der Wahrheit und Einsicht, die sie überspült haben, willkommen geheißen.

Am vorigen Freitag waren sie kaum in der Lage gewesen zu

formulieren, weshalb sie sich eigentlich zurückziehen mussten. Einige meinten, dass sie dazu berufen seien; andere sagten, dass sie einer Intuition folgten oder einer Laune nachgaben; einige räumten ein, dass sie einfach dem Rat einer Freundin vertrauten. Aber egal welches Motiv sie nun auch angespornt haben mochte, in gewisser Hinsicht kamen alle, weil sie auf ihre Instinkte hörten. Als das Wochenende dann seinen Gang nahm und ihre Perspektiven sich veränderten, verstanden sie immer besser, wie wichtig ihr Handeln war – etwas, das anfangs ein bisschen als Luxus, Verhätschelung oder auch Zufall durchging, wird nun als notwendige Reaktion auf ein berechtigtes Bedürfnis betrachtet. Allein unter dem weiten Himmel und ohne irgendwelche Einschränkungen wurden Unzulänglichkeiten akzeptiert, Fehler ermessen, falsche Entscheidungen analysiert, Bedürfnisse erkannt und Wünschen eine stärkere Stimme zugestanden. Doch am wichtigsten ist wohl, dass diese Frauen sich von den Geschichten anderer Menschen befreit haben, von Vorsicht und Schamhaftigkeit, von Traurigkeit und vermeintlichen Missetaten. Ein Abenteuer ist immer ein Jungbrunnen für den menschlichen Geist, und diese Retreats charakterisieren sich nun eben als ein solches.
Ellen schrieb in ihrem Tagebuch, dass sie am Sonntagmorgen einfach aufwachte.

Ich kann dieses Aufwachen nur als einen Vorgang erklären, der über das übliche Wiedererlangen des Bewusstseins hinausging – ich hatte das Alltägliche transzendiert. Über Nacht war mir klar geworden, was ich zu tun hatte. Ja, ich kam mir eigentlich dumm vor, weil ich nicht in der Lage gewesen war, meine Zukunft schon vorher so klar zu sehen. Ich hatte so lange das Gefühl gehabt, dass etwas fehlt. Als ich am Sonntag aufwachte, hatte dieser Druck nachgelas-

sen und dem Bedürfnis Platz gemacht, mein Leben selbst in die Hand zu nehmen und weiterzukommen. Ich war glücklich, weil ich wusste, was ich tun wollte, und ich wusste auch, dass ich stark genug dazu war. Das Bild von dem sich häutenden Hummer machte schließlich Sinn. Wie ein Hummer hatte ich mich versteckt, um mir eine robuste Schale wachsen zu lassen. Tief im Inneren wusste ich immer, dass ich aufhören wollte, ständig nur so zu sein, wie die anderen mich haben wollten. Nun weiß ich auch, dass ich zu all diesen Veränderungen in der Lage bin, weil ich nämlich in meiner eigenen Schale glücklich bin.

Der Dichter Antonio Machado sagt: »Zwischen Leben und Traum gibt es etwas noch Wichtigeres – zu erwachen.« Dieses Erwachen definiert sich als intensiver Zustand der Bewusstheit, der dann wiederum schiere Euphorie schafft – das Wunder, das eintritt, wenn wir von unserem gewöhnlichen Leben Abstand nehmen und es dem Unbewussten gestatten, mit dem Bewusstsein in Kontakt zu treten. Ellen und all die anderen Frauen des Retreats haben schließlich gelernt, auf sich selbst zu hören, ihr eigenes Schicksal zu meistern. Und sie sind nun zu guter Letzt in der Lage, ihre wirklich wesentliche Anleitung aus ihrem Inneren auch anzunehmen.

Liebesbriefe vom Sand

In Anbetracht der vielen sich gleichzeitig einstellenden Gefühle, wäre es für die Frauen ein Leichtes, den Sonntagmorgen einfach so verstreichen zu lassen. Aber es ist wichtig, dass sie dieses Übermaß an Freude festhalten können und sich ein Leben schaffen, das sie ein für alle Mal von zu geradlinigen Konventionen fernhält.

Aus diesem Grund verteile ich nach Sonnenaufgang Papier und Schreibzeug, damit jede Frau sich selbst einen Brief schreiben kann – wie an ihre beste Freundin; sie soll darin das Retreat beschreiben und Fragen beantworten wie: Wann und wo hatten Sie allmählich ein Gefühl von Zufriedenheit? Empfanden Sie erstmals am Strand Frieden oder als Sie in der Pension ankamen? Waren Sie dabei allein, in der Gruppe oder im Whirlpool, oder war es beim Aufwachen am Morgen? Vielleicht empfanden Sie diesen Frieden ja in dem Moment, als Sie von zu Hause weggingen, ins Flugzeug oder ins Auto stiegen und das Radio anstellten? Vielleicht trat das Gefühl ein, als das Abendessen aufgetragen wurde, als Sie die frischen Blumen in Ihrem Zimmer sahen oder als Sie ständig in der gleichen Trainingshose herumliefen? »Egal wie dieser Frieden über Sie gekommen ist«, sage ich, »halten Sie das Gefühl in Ihrem Brief an sich selbst fest. Stecken Sie den Brief in einen Umschlag, adressieren Sie ihn und kleben Sie ihn zu. In ungefähr einem Monat schicke ich Ihnen Ihre Gedanken dann zu.« Viele Frauen haben mir erzählt, dass sie sich diesen Brief als Erinnerung daran aufheben, wie gut es sich anfühlt, allein für sich zu leben. Aly und Francine haben ihren Brief immer zur Hand, damit sie ihn auch nie vergessen oder Rückschritte machen.

Liebe Aly,
ich befinde mich gerade auf einer absolut erstaunlichen Reise. Momentan sitze ich am Strand von Cape Cod im Sand. Die Sonne geht gerade über dem Ozean auf. Ich bin von dreiunddreißig anderen Frauen umgeben, die ich vor zwei Tagen noch nicht kannte, aber ich habe das Gefühl, sie schon ewig zu kennen. Sie sind wie Schwestern für mich. Ich fühle mich von ihnen sehr getröstet und bin ganz entspannt in ihrer Gesellschaft. Du weißt, welch eine

große Entscheidung es für mich war, an diesem Wochenende teilzunehmen. In dem Augenblick, als ich die letzte Seite des Buches »Ein Jahr am Meer« gelesen hatte, war mir klar, dass ich hierherfahren würde. Aber ich war noch nie so weit gereist und wusste auch nicht, ob Ralph das billigen und mich bei meinem Vorhaben unterstützen würde. Während ich meine Vorbereitungen traf, war ich total aufgeregt, aber starke Zweifel hatte ich trotzdem. Ich hatte nach siebzehn Jahren gerade meinen Job aufgegeben und mir geschworen, diesen Scheideweg positiv zu nutzen. Ich wollte neuen Mut und Stärke in mein Leben integrieren, um mich weiterentwickeln zu können. Aber ich empfand weder das eine noch das andere.

Selbst am ersten Abend, als wir alle zusammenkamen und uns Episoden aus unseren Lebensgeschichten erzählten, fühlte ich mich nicht stark oder zu irgendetwas in der Lage. Eigentlich wollte ich nach Hause. Ich bin nicht gern in Gruppen von Leuten, und es ist mir unangenehm, von mir selbst zu erzählen. Ich kann nicht einmal an einem Aerobic-Kurs teilnehmen, sondern mache die Übungen lieber alleine für mich. Joan hat uns einen Anstoß gegeben, es mit dem Alleinsein zu versuchen, aber sie hat uns auch in der Gruppe an diesen Ort da am Meer geführt. Ich konnte mich erst langsam entspannen, als ich den anderen meine Geschichte erzählte. Es fiel mir sehr schwer, über meine Beziehung zu Ralph zu sprechen und über meinen Entschluss, wegen seines Gesundheitszustands meinen Job aufzugeben. Ich weinte viel, aber einigen Frauen ging es genauso. So viele empfinden die gleiche Verwirrung hinsichtlich ihrer Beziehungen und Entscheidungen. Als wir an dem Abend nach Hause gingen, war ich glücklich und von Freundinnen umgeben, die mich verstanden. Am nächsten Tag unternahmen wir einen Spaziergang –

jede für sich allein. Zum ersten Mal tat ich das nicht als Reaktion oder aus Angst, sondern weil ich wusste, dass ich die Gruppe verlassen konnte und die anderen später noch immer da sein würden. Ich fühle mich jetzt stark und mutig, weil ich diese Stütze habe. Wenn ich nach Hause komme, musst Du mir helfen, eine Gruppe von Frauen zu finden, mit denen ich mich austauschen und auch meine Tage verbringen kann. Ich bin nicht allein.

Liebe Francine,
ich muss Dir von einer Erfahrung erzählen, die ich gerade hier auf Cape Cod mit Joan Anderson gemacht habe. Ich bin am Morgen aufgewacht, hatte nichts zu tun und nichts vor. Ich zog mir also die gleichen Shorts an, die ich schon gestern anhatte, und zum ersten Mal föhnte ich mir die Haare nicht. Der Tag war zauberhaft für mich, weil ich hinging, wo ich Lust hatte, und endlich zu anderen »Nein« sagen konnte. Als Joan uns am Strand absetzte, befolgte ich ihren Rat nicht, mir ein Plätzchen für mich allein zu suchen. Ich joggte eineinhalb Kilometer am Meer entlang. Und dann überquerte ich die Dünen und watete im seichten Wasser der Bucht herum. Als ich zum Leuchtturm kam, bog ich links ab – weg von der Pension also – und ging in die Stadt, um allein eine Tasse Tee zu trinken. Als ich zurückkam, machte es mir Spaß, den anderen Frauen von meinen Erfahrungen zu erzählen, doch die wahre Freude war für mich, dass ich anfangs »Nein« gesagt hatte. Ich werde das jetzt viel öfter tun, weil es mich glücklich macht.

Der Ruf der Wildnis lässt die Freiheit die Furcht überwinden, und wer sich eine Weile in der Natur aufgehalten hat, ist nicht mehr so vorsichtig und angepasst, sondern wagemutig und

unabhängig. Sie werden die Erfahrung machen, dass nach Ihrem Zusammenbruch der wahre Durchbruch kommt. Diese Momente, Lektionen und Bilder sind flüchtig, aber sie sind der Aufzeichnung und Erinnerung wert. Deshalb ist es wichtig, seine Gedanken zu Papier zu bringen – ein Tagebuch zu führen und sich dann die Zeit zu nehmen, einen Brief an sich selbst zu schreiben.
Und das alles sollte Ihr Brief enthalten:

- Erklären Sie, was Sie veranlasst hat wegzugehen, weshalb Sie Ihre Suche begonnen haben und wo Sie auf Ihrer Reise stehen.
- Beschreiben Sie Ihre Gefühle. Was haben Sie empfunden, bevor Sie weggegangen sind, und welche Quellen der Zufriedenheit haben Sie während Ihrer Abwesenheit entdeckt?
- Am wichtigsten ist es jedoch zu formulieren, was genau Sie brauchen und woran Sie festhalten wollen, wenn Sie in Ihren Alltag zurückkehren. Achten Sie auf jegliche Gefühle oder Wünsche, die sich beim Durcharbeiten der früheren Übungen herauskristallisiert haben. Stellen Sie eindeutig heraus, woran Sie festhalten wollen und was Sie tun können, um Ihre Absichten und Intentionen auch wirklich in die Tat umzusetzen.

Wenn Sie fertig sind, lesen Sie noch einmal durch, was Sie geschrieben haben. Heben Sie die Aha-Erlebnisse, die auffälligsten Wünsche, Intentionen und Bedürfnisse mit einem Textmarker hervor; sie alle helfen Ihnen, Vorsätze zu fassen. Es handelt sich dabei nicht um Silvester, sondern um den Anfang einer neuen Ära. Frauen, die an einem Retreat teilgenommen haben, formulierten in ihren Briefen den Vorsatz, sich selbst gegenüber ehrlich zu sein, keine Kompromisse mehr zu machen, auf Beziehungen zu bestehen, die auf Gegenseitigkeit beruhen, sich mit dem Alleinsein anzufreunden, den Tag mit seinem Kommen und Gehen voll auszuschöpfen, für Auszeiten Platz zu schaffen und in eine langsamere Gangart zu schalten, um bewusster zu leben.

Kleben Sie Ihren Brief jetzt zu und legen Sie ihn mindestens einen Monat lang weg – oder auch zwei. Vielleicht haben Sie ja auch Lust, den Brief an eine Freundin zu schicken und im Gegenzug Post von ihr zu erhalten. Es ist überaus wichtig, seine Gedanken und Gefühle nach einer Weile erneut zu betrachten. So wie das Ansehen von alten Fotos es Ihnen ermöglicht hat, Ihre robusten Wurzeln zu erkennen, so erinnert Sie dieser Brief dann wieder daran, dass Erfüllung für Sie im Bereich des Möglichen liegt. Der Brief lässt Sie Ihre unvollendete Reise wieder aufnehmen und rüttelt Sie wach, wenn Sie in mancher Hinsicht wieder zu schnell in Ihren gewohnten Trott verfallen.

Einen Balanceakt vollführen

Nun also zur konkreten Arbeit der Regruppierung. Die einzig reale Möglichkeit, wie wir unsere euphorischen Gefühle – hoffentlich – bewahren können, ist, einen Weg zu finden, unser neugefundenes Gleichgewicht beizubehalten und Grenzen zu setzen.

»Zu lernen, eine Frau zu sein, ist eine Lebensaufgabe«, meint Mary Sarton, und ich wiederhole dieses Zitat bei fast jedem meiner Auftritte, selbst wenn es bloß dazu dient, die Frauen daran zu erinnern, dass es keine simplen Hauruckantworten gibt. Wir sprinten nach vorn und fallen zurück. Wichtig ist nur, einen Plan zu haben und ihn auch durchzuziehen.

Wenn ich ein Wochenend-Retreat leite oder hinter dem Rednerpult stehe, müssen viele Frauen meinen, dass ich es in jeder Hinsicht geschafft habe – dass ich meine Arbeit getan, mein Leben verändert habe und nun glücklich und zufrieden lebe und meine zuvor unerfüllten Träume und Wünsche genieße. Doch weit gefehlt. Nun, wirklich hart gearbeitet habe ich schon, um Richtung und Tenor meines Lebens zu verändern, doch mit jedem neuen Buch kommen neue Aufgaben und Tage voller neuer Herausforderungen auf mich zu. Wie jeder andere auch, vergesse ich, tief durchzuatmen, einen Spaziergang zu machen und mir die Zeit zu nehmen, mich irgendwie zufrieden zu fühlen. Ich muss mich ständig daran erinnern, dass ich wahrhaftig robuste Wurzeln habe, starke Wünsche und den Willen, meine Träume auch in die Tat umzusetzen. Ich muss mich regelmäßig selbst einer Prüfung unterziehen, und die »Instandhaltungsarbeiten« hören nie auf. Kürzlich war ich total überstrapaziert und fertig. Es war Winter, mein Mann erholte sich von seiner Hüftoperation, meine Mutter war auf dem Eis gestürzt und hatte sich verletzt, außerdem erwartete man mich in Chicago, wo ich bei der Geburt meines Enkels mithelfen sollte. Es erübrigt sich eigentlich zu erwähnen, dass ich total überfordert und kurz vorm Durchdrehen war. Sollte ich nun hinfahren oder lieber daheim bleiben? Mein Mann hasst es, in seiner Bewegungsfreiheit eingeschränkt zu sein, und es vergeht kein Tag, ohne dass meine Mutter auf eine Stippvisite vorbeikäme. Was sollten sie ohne mich anfangen? Wenn ich wegfuhr, wie viele Mahlzeiten sollte ich kochen und einfrieren? Wer ließe sich engagieren, um sich um meinen Mann und um meine Mutter zu kümmern? Was würden sie machen, wenn wegen eines schlimmen Schneesturms wieder der Strom ausfiele? Wusste mein Mann, wo die Telefonnummer war, um den Burschen anzurufen, der meiner Mutter dann die Zufahrt frei schippte? Aber wenn ich blieb, wer würde dann meinem Sohn und meiner Schwiegertochter helfen, sich irgendwie durch das Chaos zu manövrieren, wenn sie mit dem Neugeborenen nach Hause kamen? Wer würde sich um den zweijährigen Grady kümmern und ihm beistehen, sich an sein Geschwisterchen zu gewöhnen? Wo konnte ich Fertiggerichte zum Einfrieren für sie bestellen? Was für eine Mutter beziehungsweise Großmutter wäre ich, wenn ich nicht hinführe?

Jede Möglichkeit schien mir schrecklich. Ich konnte nicht aufhören mit meinen Sorgen und meiner Fürsorge. Ich versiebte einen beruflichen Termin und strich das gemeinsame Mittagessen mit einer Freundin. Je mehr ich mich sorgte, desto mehr verstrickte ich mich in den Bedürfnissen und Plänen der anderen. Ich war mehr daran interessiert, meinem Mann zu helfen, meiner Mutter, meinem Sohn, meiner Schwiegertochter und sogar meinem zweijährigen Enkel, als herauszufinden, was ich selbst brauchte oder wollte. Was würde *mir* jetzt am besten passen? Wo wollte *ich* sein?

Ich musste lachen, dass ich mich wieder einmal in meiner alten Gewohnheit verheddert hatte, es allen anderen recht machen zu wollen. Ich stand völlig neben mir, war gestresst, vernachlässigte meine eigene Arbeit, strich mir meine kleinen Vergnügungen, bloß um einen Dreh zu finden, wie ich allen anderen ihr Dasein verschönern konnte. Was würden die Frauen, die jetzt auf ein Retreat zu mir kämen, momentan von mir halten? War ich nicht in der Lage, meine eigenen Ratschläge zu befolgen?

Ein paar Tage später saß ich im Flugzeug nach Chicago, wo ich dann endlich meine Verwirrung in den Griff bekam und mich an das Balancerad erinnerte. So viele Übungen in diesem Buch entsprangen meinem Bedürfnis, während dieses Jahres am Meer wieder zu mir zu finden, oder auch den Bedürfnissen der Seminarteilnehmerinnen. Die Übung mit dem Balancerad entstand jedenfalls, nachdem eine Frau im Anschluss an den Strandspaziergang einen großen Stein mitbrachte, der genau zur Hälfte schwarz und weiß war. »Dieser Stein bin ich«, rief sie aus und hielt ihn hoch, damit ihn auch alle sehen konnten. Wir starrten sie an und fragten uns, wie sie uns das wohl nun erklären würde. »Ich habe mich immer völlig für andere aufgeopfert«, sagte sie. »Jetzt nicht mehr. Von nun an werde ich mein Leben in zwei Teile trennen. Diese Hälfte«, sagte sie, wobei sie auf die weiße Seite deutete, »ist nur für mich; die schwarze Hälfte ist für die anderen.«

Ihre Erklärung veranlasste alle, sich kerzengerade hinzusetzen und aufmerksam zuzuhören. Es war eine so simple grafische Darstellung von Gleichgewicht und Grenzen. Ich zeichnete also einen großen Kreis an die Tafel und teilte ihn in zwei Hälften. Dann unterteilte ich jede Hälfte in vier Viertel. Auf die Seite des Selbst gehörten Körper, Verstand, Geist und Beziehung. Die andere Seite setzte sich aus Freunden, Familie, Arbeit und allem anderen zusammen. Gemeinsam mit den Frauen füllte ich die einzelnen Teilstücke aus. Alles, was uns als leicht verfügbar in den Sinn kam und einen Weg darstellen konnte, in jeder Kategorie für uns selbst zu sorgen, schrieben wir auf.

Für *Körper* kamen Vorschläge wie: Diät, Massage, Sport, Sex oder Spazierengehen. Für *Verstand* schlugen die Frauen vor: Lesen, Therapie, ein Tagebuch führen, in Vorträge gehen, Museen besuchen und schlafen. Für *Geist* wurde angeboten: Kirche, täglich eine Zeit der Stille, Meditation, Yoga, in die Natur gehen. Zu *Beziehung* kam: sich jeden Abend unterhalten, sich ein gemeinsames Hobby suchen, miteinander Sport treiben und richtig zuhören. Oft überschnitten sich die Vorschläge der einzelnen Kategorien. Sex, zum Beispiel, wurde unter Körper, Geist und Beziehung gelistet. Sport, Zeiten der Stille, Therapie und Tanz passten ebenfalls in diverse Kategorien.

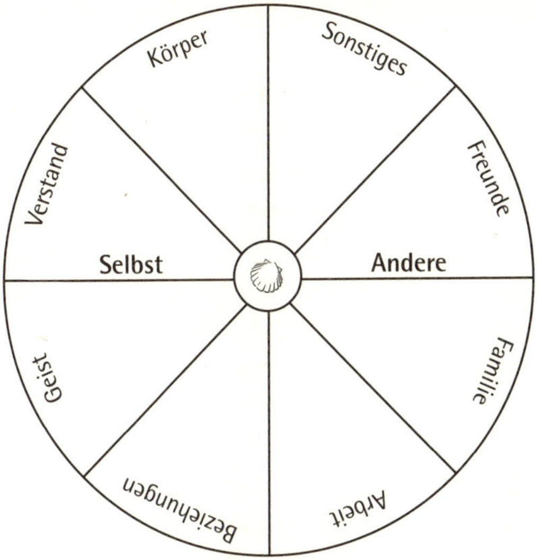

Das gleiche Schema trat zutage, als wir nach einem kurzen Brainstorming die Seite, die für die anderen reserviert war, erarbeiteten. Für *Freunde* schlugen die Frauen vor: gemeinsam einen Tag wandern, tanzen, in ein Museum gehen, gemeinsam zu Mittag essen. Zu *Familie* kam: einen Ausflug machen, etwas Aufregendes unternehmen, alte Fotos anschauen, einen Spieleabend planen. Für *Arbeit* kamen sie mit den Vorschlägen: den Arbeitsplatz aufräumen, täglich Listen schreiben oder sich einen Tag freinehmen.

Nun verteile ich bei all meinen Retreats in Segmente unterteilte Kreise an die Frauen. Wir sprechen über die acht Kategorien und denken gemeinsam über die möglichen Aktivitäten und Ideen nach. Jede Frau schreibt die Einfälle auf, die ihr am besten passen, und füllt ihren Kreis aus. Sie entscheidet somit selbst, was sie braucht, um ihren Verstand, ihren Körper, ihre Karriere und ihre Familie zu fördern. Wenn alle

Kreise voll sind, erkläre ich, wie sich dieses Rad benutzen lässt, um im Privatleben zu Hause das Gefühl von Gleichgewicht zu erlangen.

»Ihr Ziel ist es jetzt, einen Vorschlag jeder Selbst-Kategorie pro Woche in die Tat umzusetzen. Anders ausgedrückt: Stellen Sie sicher, dass Sie jede Woche etwas für Ihren Verstand, Ihren Körper, Ihren Geist und Ihre Beziehungen tun. Die andere Seite sorgt ja stets für sich selbst. Schon bald wird Ihnen Ihr Leben viel harmonischer vorkommen. Es wird dann zu Ihrer zweiten Natur, innezuhalten und ihren Fokus von ihrem Verstand auf Ihre Freunde zu verlagern, von Ihrem Körper auf Ihre Familie. Wenn wir alle Anteile in unserem Leben gleichermaßen wertschätzen, fühlen wir uns ganz und wohlgenährt. Wir sind dann in der Lage, zu geben und zu nehmen – jeden Augenblick als Gelegenheit für einen wahren Austausch zu nutzen.«

Auf dem Flug nach Chicago musste ich also nur daran denken, wie ich mich um mich selbst kümmern konnte, während ich gleichzeitig für andere da war. Für meinen Körper konnte ich ein Fitnessstudio in der Nähe besuchen, während die Kinder schliefen. Ich konnte auch in den Supermarkt gehen und alle sonstigen Einkäufe zu Fuß machen. Ich beschloss, es mir abends mit den interessanten Zeitschriften meiner Schwiegertochter gemütlich zu machen, wenn mein Sohn und seine Frau das Baby hätschelten. Allein zu sehen, welch ein Segen so ein kleines Kind ist, wäre schon ein Labsal für meine Lebensgeister, aber ich wollte auch in die katholische Kirche gehen und mir die Zeit nehmen, dieses kleine Wunder gebührend zu preisen. Für meine Beziehungen gäbe es genügend Zeit – ich wollte mich einfach auf den Boden setzen, um mit meinem zweijährigen Enkel zu spielen, und mit meinem Sohn und meiner Schwiegertochter kommunizieren, während ich ihnen dabei behilflich war, mit der neuen Herausforderung, die so ein Familienzuwachs ja schließlich bedeutet, zurechtzukommen.

Einfach einmal nachzudenken und dann auch niederzuschreiben, was ich meinem Körper, meinem Verstand und meinem Geist verordnen würde, verlieh mir das notwendige Durchhaltevermögen meinen derzeitigen Aufgaben gegenüber. Außerdem war ich so auch in der Lage, mich auf die Gaben zu konzentrieren, die mich erwarteten, und – was noch wichtiger war – es half mir, mein Engagement klar einzugrenzen. Das ist das Ergebnis, wenn man eine Kennerin von Selbst und Seele ist. Außerdem wird man während des Prozesses, die Erwartungen der anderen außer Acht zu lassen und zu seinen eigenen Bedürfnissen zu stehen, zu seinem eigenen Therapeuten. »Es geht nur um eines: seinen Standpunkt zu vertreten, wenn es wirklich wichtig ist«, sagt Joan Erikson, »und dann seinen Erkenntnissen gemäß zu leben und sie nicht wieder versanden zu lassen.«

Ich bin immer total baff, wenn mein Sohn, ein Joggingfanatiker, bei uns zu Besuch ist. Egal was wir geplant haben, er findet immer Zeit, um zum Laufen zu gehen. Ich hingegen bin dafür bekannt, dass ich alle meine Vorhaben in den Wind schlage und mich dem Zeitplan der anderen anpasse. Das passiert mir auch, wenn ich versuche Diät zu halten. Ich bin zu schnell bei der Hand, meine Pläne zu verraten, um mich einer Gruppe zugehörig zu fühlen oder einen Tag gemeinsam mit anderen zu verbringen, aber so verliere ich natürlich die nötige Motivation. Mein Sohn weiß, wie er sein eigener Therapeut sein kann. Er trainiert ständig für den einen oder anderen Wettkampf. Da er sein Ziel stets vor Augen hat, zwingt ihn das, seinen Kurs auch beizubehalten. Er führt eine Art Tagebuch über sein Training, seine Essensgewohnheiten und sein Fitnessprogramm und hat noch einen extra Kalender, in dem er seine Fortschritte im Hinblick auf seine Ziele ver-

merkt – und seinen beruflichen und familiären Verpflichtungen kommt er selbstverständlich auch noch nach.
Nutzen Sie Ihr kommentiertes Balancerad, um sich nicht von Ihrem Weg abbringen zu lassen. Verwenden Sie es als Prüfstein, auf den Sie zurückkommen können, wenn Sie einen Anstoß brauchen oder sich Ihre Ziele vor Augen halten wollen. So manövrieren sich jedenfalls die Frauen aus früheren Retreats durch die schwierigen Zeiten, mit denen sie zu Hause konfrontiert sind.
Im Grunde läuft alles auf die folgenden Fragen hinaus: Wie viel Zeit verwenden Sie auf andere und wie viel für sich selbst? Haben Sie in letzter Zeit Ihrem Verstand etwas Gutes getan? Haben Sie etwas für Ihren Körper gemacht? Wie mein Sohn jeden Morgen plant, wann er zum Laufen gehen will, so trage ich in meinem Stundenplan nach dem Aufwachen auch Zeit für mich ein. Und weshalb sich das lohnt? Ich fühle mich erfüllt und nicht mehr frustriert, weil ich mich selbst verleugne.
Wir Frauen haben eine wahre Meisterschaft darin entwickelt, uns den Wünschen anderer zu beugen. Nun müssen wir einen Anlauf unternehmen und an uns arbeiten. Es ist nicht angemessen, sich zugunsten der Bedürfnisse anderer selbst aufzugeben. Jetzt geht es darum, unseren Instinkt zu bezwingen und den anderen eben nicht ständig ihre Wünsche zu erfüllen. Wir müssen sämtliche Ideale und »Sollte« außer Acht lassen und uns um die eigenen Bedürfnisse und Wünsche kümmern. Es geht darum, uns der eigenen Person zu beugen. Dann, aber auch wirklich nur dann, werden wir zu der Frau, die zu sein wir eigentlich nie die Absicht hatten. Hurra! Wie Shinoda Bolen sagt: »Harmonie stellt sich ein, wenn Verhalten und Überzeugungen Hand in Hand gehen – wenn wir unsere höchste Wahrheit leben.«

Abschließende Zusammenfassung des Kapitels

- Lassen Sie die Erwartungen anderer Leute außen vor.
- Streben Sie nach Gleichgewicht, indem Sie alle Teile Ihres Lebens gleichermaßen fördern.
- Werden Sie zu Ihrem eigenen Therapeuten.
- Ziehen Sie klare Grenzen.
- Teilen Sie sich Gutscheine für Körper, Verstand, Geist und Seele zu (siehe Seite 184).
- Werden Sie sich darüber klar, was Sie behalten und was Sie loswerden wollen.

Was behalten und was loswerden

Joan Erikson und ich verbrachten viele Nachmittage mit der Diskussion, was jeder von uns wirklich wichtig ist und was nicht. Sie konnte bereits auf ihr ganzes Leben zurückblicken, und es schien ihr ein Leichtes zu beurteilen, was überflüssig war und was nicht. Es ist wichtig für uns zu wissen, was uns gefällt und was nicht, was wir brauchen und worauf wir verzichten können, wenn wir unser Leben als Individuen wiedererlangen wollen. Verstehen wir unsere Wünsche, unsere Leidenschaften und Gefühle nicht, wie sollen wir dann für sie eintreten? Wir Frauen sind alle durch Rollen, Emotionen, Verhaltensmuster und Bedürfnisse anderer eingeengt, denen Folge zu leisten man uns gelehrt hat. Der halbe Grund, weshalb so viele von uns nicht wissen, was sie wollen oder empfinden, ist, dass sie es nie gewagt haben, derartige Fragen überhaupt auch nur zu stellen. Joan Erikson hatte keine zwiespältigen Gefühle, wenn es darum ging, was für sie gut war und was ihr das Leben angenehm und lebenswert machte. Eine der Methoden, wie sie diese Klarheit erlangte, war, eine Liste zu führen von dem, was sie beibehalten wollte und was es loszuwerden galt. Sie aktualisierte diese Liste in regelmäßigen Abständen, fügte hier und da etwas hinzu und sorgte dafür, dass alles Überflüssige auch wirklich entsorgt wurde.

Hier nun einiges, woran sie festhalten wollte: Geheimnisse, Hartnäckigkeit, Unabhängigkeit, Erinnerungen, Scheidung, das Führen eines Tagebuchs, Spiel, Ekstase, neue Erfahrungen, Abenteuer.

Und hier einiges von dem, was sie wirklich loshaben wollte: Gewissensbisse, Urteile, enge Kleidung, Durcheinander, Nylonstrümpfe.

Wenn Sie lernen, zu Ihrem eigenen Therapeuten zu werden, sollten Sie ebenfalls versuchen, eine Liste mit allem zu erarbeiten, was Sie behalten beziehungsweise wegwerfen wollen. Ergänzen Sie die Liste, wenn etwas oder jemand eine Reaktion provoziert. Durch das Aufzeichnen Ihrer Reaktionen wird es Ihnen dann möglich, Verhaltensmuster zu erkennen. Möchten Sie beispielsweise ständig die Essenseinladung einer bestimmten Freundin ablehnen? Nun, dann ist es wohl an der Zeit, genau das auch zu tun. Wenn sie das nächste Mal anruft, sagen Sie einfach »Nein«. Fühlen Sie sich besser, wenn Sie Ihren neuen blauen Pulli anhaben? Nun, dann kaufen Sie sich noch einen oder etwas anderes in dieser Farbe.

Das richtige Gleichgewicht zu finden und sich selbst etwas Gutes zu tun ist ebenso einfach, wie sich einfühlsam um die eigenen Stimmungen und Reaktionen zu kümmern – bei denen Ihrer Lieben tun Sie das ja schließlich auch.

Gutscheine

Um Ganzheit zu erlangen, müssen wir uns Zeit für unsere Seele, unseren Geist, unseren Körper und unseren Verstand nehmen.
Basteln Sie sich ein paar Gutscheine. Beschriften Sie sie mit *Seele, Geist, Körper, Verstand.*
Was alles könnten Sie tun, um jede Woche Ihre Seele, Ihren Geist, Ihren Körper und Ihren Verstand zu beleben? Schreiben Sie zu jeder Frage die Antwort auf den jeweiligen Gutschein.
Die Frauen vom Wochenend-Retreat hatten folgende Ideen:

Seele: Meditation, Yoga, Strandspaziergang, ins Konzert, Museum oder in die Kirche gehen

Geist: Spielen, singen, tanzen, Sex haben, beten, ein Baby auf den Arm nehmen, sinnlich sein, etwas Spannendes unternehmen, einen Tagesausflug machen

Körper: Sport treiben, Bauchtanz, schlafen, ein Nickerchen machen, Gesichtsmassage, ein Wellnesszentrum besuchen, schwimmen, Rad fahren, joggen

Verstand: An einem Kurs teilnehmen, zu einem Vortrag gehen, lesen, schreiben, Tagebuch führen, sich mitteilen, einen Literaturzirkel gründen oder besuchen

Halten Sie die Gutscheine griffbereit und versuchen Sie, aus jeder Kategorie einen pro Woche zu verwenden. Wenn es Ihnen nicht gelingt, auch nur einen davon einzulösen, müssen

Sie in der folgenden Woche in der jeweiligen Kategorie die Anzahl verdoppeln, um diesen Aspekt Ihres Lebens auch wirklich zu bereichern.
Mit der Zeit gewöhnen Sie sich daran, sich selbst eine Freude zu bereiten.

Fragebogen zum Thema Geben und Nehmen

»Wenn es in der Natur der Frau liegt zu nähren, dann muss sie sich selbst nähren.« ANNE MORROW LINDBERGH

1. Beantworten Sie die folgenden Fragen:
- Wie lange sind Sie anderen zu Diensten?
- Wie viele Rollen spielen Sie oder haben Sie gespielt?

2. Halten Sie einen Tag lang fest, wie oft man Sie gebeten hat
- Zeit zu investieren
- Energie zu investieren
- Ideen zu investieren
- Mitleid oder emotionale Unterstützung zuteil werden zu lassen
- zuzuhören und zu reagieren.

3. Listen Sie jetzt auf, wie oft am selben Tag jemand Ihnen:
- Hilfe angeboten hat
- spontan und unaufgefordert etwas für Sie getan hat
- etwas Aufbauendes hat zuteilwerden lassen

- zugehört und reagiert hat
- Mitleid und emotionale Hilfe hat zuteilwerden lassen
- ein Bedürfnis vorausgeahnt hat.

Geben Sie mehr als Sie bekommen? Ist das der Fall, sollten Sie sich bemühen, diese Situation umzukehren. Sie können andere natürlich nicht zwingen, Ihnen etwas zu geben, aber Sie können dafür sorgen, dass Sie sich für sich selbst ebenso viel Zeit nehmen wie für andere Leute.

Sonntagnachmittag

REGENERIEREN, INDEM SIE IHRE ZWEITE REISE ANTRETEN

Seine Kräfte sammeln und sich fördern

»Wir Menschen sind auf der Suche nach Sinn – auf der Suche nach uns selbst. Sehr wenig von dem, was wir bereits sind, verschafft uns tiefere Bedeutung und Glück. Wir sind für Sinn geboren, nicht fürs Vergnügen – es sei denn, es handelt sich um ein sinnerfülltes Vergnügen. Wir sind dazu geboren, über uns selbst hinauszuwachsen. Wir sind Suchende.« JACOB NEEDLEMAN

Sich auf die zweite Reise machen

Plötzlich ist unser letzter gemeinsamer Nachmittag gekommen. Obwohl die Frauen noch offen und frisch sind, machen sie sich doch Sorgen um ihre Zukunft – nicht um die entfernte Zukunft, sondern um das, was sie nach dem Retreat erwartet. Sie haben sich umfassend mit ihrer eigenen Person konfrontiert – mit ihrer Gesichtsform, ihrer familiären Herkunft, den erziehungsbedingten Einschränkungen, ihrem angeblich fehlenden Talent, den Schranken, die ihrer Fantasie auferlegt wurden, mit ihrem mangelhaften Körper oder ihrer fehlerhaften Persönlichkeit, mit ihren einengenden Entscheidungen, mit der Verantwortung, die sie tragen – und sie haben nur einen Wunsch, nämlich ihr unvollendetes Leben fortzusetzen. Egal welche Verachtung sie hinsichtlich ihrer Unzulänglichkeit oder Fehlentscheidungen empfunden haben, sie liegen nun offen zutage und dienen als fruchtbares Rohmaterial, mit dem es sich arbeiten lässt. Aber sie wissen alle, dass noch bedeutende Herausforderungen auf sie warten.

»Die Arbeit, die Sie bislang geleistet haben«, erkläre ich den Frauen, »hat Sie, ohne dass es Ihnen bewusst wäre, auf einen neuen Kurs gebracht, und ich schätze, dass es für die meisten von Ihnen kein Zurück mehr gibt. Sie haben dieses Wochenende mitgemacht, weil Sie an einem Scheideweg standen, oder? Und jetzt, mit Ihrer neu gewonnenen Einsicht und wiederbelebten Intuition, begeben Sie sich nun auf die so genannte *zweite Reise.*« Sie schauen mich mit fragenden Augen an.

»Von dieser wenig bekannten Reise erfuhr ich zufällig durch das Buch des Theologen Gerald O'Collins: ›Second Journey‹. Er beschreibt darin genau, was ich gesucht habe, als ich davonrannte – und was Sie alle vermutlich auch suchen. O'Collins zufolge beginnt die zweite Reise, wenn die Kraft der Jugend vorüber ist, wenn die Träume der jüngeren Jahre schal und sinnlos erscheinen, wenn Sorge und Selbstzweifel zutage treten und wenn ein Scheitern im Bereich des Möglichen liegt. Wir alle haben die Erfahrung gemacht, dass das Durcheinander anfängt, sobald das ›Programm‹ endet – wenn sämtliche Aufgaben erledigt sind, wenn Sie bemerken, dass Sie sich die Frage stellen: ›Und was jetzt?‹ In einer Kultur, die Menschen in den mittleren Jahren in Wohnanlagen mit Betreuung verfrachtet und alte Leute ins Bett steckt, ist es für viele überaus schwer, zu einer authentischen, spannenden, vitalen Lebensweise zu finden.

Und genau zu dem Zeitpunkt kommt die Idee einer zweiten Reise ins Spiel. Es handelt sich um einen unvorhersehbaren Pfad voller Risiken und Unbekannten, doch wer es wagt, sich einmal anzuschauen, was aus seinem Leben geworden ist, für den kommt dieser Zeitpunkt ganz zwangsläufig. Die zweite Reise beginnt in der Regel, wenn plötzliche Veränderungen eine Gefühlskrise auslösen – Veränderungen wie Verrat, der unerwartete Verlust des Arbeitsplatzes und des Einkommens, eine schlimme Diagnose, der Tod eines lieben Menschen. Kurz gesagt: Man wird komplett ausgebremst. Wenn man dann wieder zu sich kommt, ist klar, dass man schlichtweg haltmachen muss – dass man aus der täglichen Tretmühle ausbrechen, die Menschen um sich verlassen, vom Althergebrachten abweichen und sich auf eine äußere Reise begeben muss.

Und genau das haben Sie ja auch getan, indem Sie an diesem Retreat teilgenommen haben. Während Sie weg waren, haben sich Ihre Werte und Ziele verändert. Sie haben allmählich erkannt, dass Sie an einem Scheideweg stehen und dass Sie allein über den nächsten Schritt zu entscheiden haben. In seinem Gedicht ›Der unbegangene Weg‹ formuliert Robert Frost: ›Da war ein Weg in einem Wald, der lief auseinander, und ich – ich schlug den einen ein, der weniger begangen.‹ Solch eine zweite Reise beinhaltet viele Kämpfe – nicht nur, um herauszufinden, welchen Weg man überhaupt wählen soll. Der Unterschied zwischen diesen beiden bedeutenden Reisen besteht darin, dass man bei jeder auf eine andere Weise sinnvoll vorankommt.

Bei einer meiner Exkursionen zu einem nahe gelegenen Teich stolperte ich einmal über eine Froschfamilie, die im Watt und am Ufer herumsprang. Ihre hervortretenden Augen, die pulsierenden Bäuche und die witzigen Kehllaute faszinierten mich. Der Aha-Effekt stellte sich allerdings erst ein, als ich sah, dass sie nie nach hinten hüpften. Ich erfuhr später, dass Frösche das grundsätzlich nicht tun; sie springen immer nur vorwärts. Welch ein tolles Symbol für uns Frauen im Wandel – vorwärts, weiter, und an Rückschritte nicht einmal nur denken!

Der Blick nach vorn fasziniert mich, seit ich Joan Erikson zum ersten Mal an der Mole getroffen habe. Als sie mir vorschlug, bis ans Ende hinauszulaufen, war ich überrascht, denn es war ein nebeliger, stürmischer Tag, und das rauhe Meer toste über die Felsen. Sie bemerkte mein Zögern und sagte schnell: ›Ich habe am Ufer eine Menge Gepäck liegen gelassen, meine Liebe. Ich schaue nicht gern zurück und verweile auch nicht gern in der Vergangenheit. Mich interessiert vielmehr, was vor mir liegt.‹

Die Auszeit, die Sie sich an diesem Wochenende genommen haben, ist der Anfang einer zweiten Reise, die Sie fortführen werden, wenn Sie zu Hause sind. Sie werden sich weiter nach vorn bewegen, weil Sie gelernt haben, wie es sich anfühlt, sich in seiner eigenen Haut wohl zu fühlen – das Alleinsein zu genießen, frei zu sein. Denken Sie immer daran: Wenn die Mama nicht glücklich ist, ist keiner glücklich. Außerdem gibt es ja schließlich sowieso keine Alternative mehr, oder? Sie alle kehren nach Hause zu läutenden Telefonen, bedürftigen lieben Menschen, neugierigen Freunden und Jobs zurück, die hohe Anforderungen an Sie stellen; aber *alles so weiter wie bisher* steht jetzt nicht mehr zur Debatte. Ihr Weg ist nun mit neuen Intentionen gefüllt. Es ist Zeit, Kräfte zu sammeln und sich selbst zu fördern.«

Die zweite Reise – ein Paradebeispiel

Manchen Frauen macht die Vorstellung Angst, sich auf eine zweite Reise zu begeben, denn das »Unvollendete« klingt, als wäre praktisch kein Ziel in Sicht. Zum Glück gibt es aber die Erzählungen von Frauen, die bereits an einem Retreat teilgenommen haben und ihrem Lebensweg wirklich eine Wende gegeben haben, die neue Abenteuer mit Freuden aufgegriffen und wieder zu sich selbst gefunden haben. Ellen, eine Frau, von der Sie bereits gehört haben, bezeichnet sich selbst als Paradebeispiel für diese zweite Reise.

Bevor ich zu dem Retreat gekommen bin, hatte sich alles in meinem Leben verändert. Mein älterer Sohn ging aufs College, der andere machte gerade seinen Führerschein und ward nicht mehr gesehen, mein medikamentenabhängiger Mann konnte sich von seiner Sucht befreien, das Haus, an dem wir jahrelang gebaut hatten, war endlich fertig, und die Arbeiter bestürmten uns nicht mehr tagtäglich mit ihren vielen Fragen; und obendrein musste ich nicht mehr für meinen Mann arbeiten und konnte somit beliebig meine Zeit mit der Familie verbringen – niemand nahm mich mehr ständig in Beschlag, und unsere Finanzen hatten einen Aufschwung genommen. Kurz gesagt: Ich stellte plötzlich fest, dass ich überflüssig war!
Als Erstes nahm ich meinen alten Trott wieder auf, verbrachte mehr Zeit außer Haus, schaute mir die Wiederholung der Wiederholung von irgendwelchen Comedy-Shows an und verhätschelte den Hund. Dann ging ich zu den Treffen der Anonymen Alkoholiker, um das neue Verhalten meines Mannes besser zu verstehen. Im Großen und Ganzen wurde mir bewusst, in welch einer fürchterlichen Co-Abhängigkeit ich mich befand. Diese Erkenntnis veranlasste mich dann, an Kabbala-Treffen teilzunehmen, mich mit jüdischer Mystik zu beschäftigen; ich machte auch einen Fotokurs und scharte schließlich eine Gruppe von gleichgesinnten Frauen mit ebenfalls leerem Nest um mich. Jemand aus der Gruppe gab mir »An Unfinished Marriage« und »Ein Jahr am Meer«. Ich las beide Bücher und nahm dann an einem Wochenende teil, das mir einen enormen Kick gab. Zum ersten Mal war ich in der Lage,

einen Schritt über meine Abhängigkeit von anderen hinaus zu tun. Ich begriff mich plötzlich als Individuum, nicht als Anhängsel von jemandem. Aber ich wusste noch immer nicht recht, wie ich weiterkommen sollte.
Unterdessen hatte mein Mann eine ganz neue Welt für sich entdeckt, in die ich nicht recht hineinpasste. Es war bald klar, dass wir beide zwei kämpfende Seelen waren, die eine unterschiedliche Richtung eingeschlagen hatten. Ich hatte wegen der gescheiterten Ehe viel Trauerarbeit zu leisten, und das Loslassen fiel mir sehr schwer. Dann, eines Tages, drängte sich mir plötzlich die Frage auf, weshalb ich eigentlich im Supermarkt stand und Putzmittel für ein leeres Haus kaufte. Es wohnte ja niemand mehr dort. Die Kinder waren aus dem Haus. Mein Mann war aus dem Haus. Ja sogar ich war aus dem Haus! Ich nahm alles wieder aus dem Einkaufswägelchen heraus, stellte es in die Regale zurück und verließ das Geschäft mit leeren Händen. Ich kam mir vor wie in einem Film, und ich konnte all die Frauen hören, wie sie im Kino jubelten. Und dann fing ich einfach an, mir mein Leben so einzurichten, wie es mir passte.
Von dem Moment an empfand ich wieder die Freiheit, die ich damals an dem Wochenende erfahren hatte. Und je länger ich alleine stand, desto größeren Vorrang räumte ich meiner eigenen Person ein. Ich suchte weiterhin Rat bei Heilern und Therapeuten. Und mir machte meine Forscherei wirklich Spaß. Zum einen verstand ich, dass man nie weiß, wann, wo und ob die Reise je zu Ende gehen wird. Zu straucheln, zu fallen und alles zu überdenken gehört einfach mit dazu. Auf einer persönlicheren Ebene lernte ich durch die Therapie zum anderen, dass ich meine rationale, wenig humorvolle und ständig kontrollierte Mutter in all den Jahren widergespiegelt hatte. Ich hatte

mich vor langer Zeit von meinem wilden, dummen, leidenschaftlichen Selbst getrennt. Jetzt wollte ich wieder Leidenschaft empfinden, ich wollte meine eigenen Träume zurückhaben, nicht nur die meines Mannes mit ihm teilen. Als ich schließlich von dem einjährigen Programm erfuhr, das es mir ermöglichte, als Mediatorin tätig zu sein, meldete ich mich an. Ich hatte mich immer sehr stark zu Heilberufen hingezogen gefühlt, und so nahm ich allen Mut zusammen und ging durch die erste offene Tür, die ich sah.

»Die Umbrüche in der zweiten Lebenshälfte sind eine besondere Gelegenheit, mit der sozialen Konditionierung zu brechen und etwas Neues, anderes zu machen«, sagt William Bridges in seinem Buch »Transitions: Making Sense of Life's Changes«. Und genau das hat Ellen getan. Sie erkannte ihre Begabungen und wahren Interessen und fasste den Entschluss, sie nun auch zu nutzen. Ihr wahres Selbst wurde nicht mehr von dem überschattet, was sie sein sollte. Sie war mündig geworden und hatte zu ihrer Bestimmung gefunden.

Ein gutes Leben ist die beste Rache

Ellens Geschichte hat viele Frauen inspiriert. Denn schließlich ist »ein gutes Leben die beste Rache«, wie der Schriftsteller George Herbert einmal sagte. Sobald man die ausgetretenen Pfade verlassen und wieder Kontrolle über sein eigenes Leben erlangt hat, ist der nächste Schritt, sich sein Leben schön zu gestalten. Wie Ellen, so können auch wir nur zu etwas Neuem werden, wenn wir aufhören, etwas Altes zu sein. Das Ziel ist, die Midlife-Crisis zu einer Midlife-Entdeckung zu machen. Sie müssen dazu nur den Rat des Theologen Frederick Buech-

ner befolgen und »auf Ihr Leben als unermessliches Mysterium« lauschen.
Ellen ist ein Beispiel für eine Frau, die auf all die Veränderungen, mit denen sie konfrontiert wurde, reagiert hat, so dass es ihr möglich wurde, ihre Zukunftsträume umzusetzen. Auch Nicole sah sich einem Strudel der Veränderungen ausgesetzt, doch sie unterdrückte ihre persönlichen Bedürfnisse und Wünsche, um deren Einfluss auf ihre Midlife-Crisis zu reduzieren. Ihre Kinder waren aus dem Haus gegangen, ihr Mann hatte die Arbeitsstelle gewechselt, und ihr Vater war immer hinfälliger geworden, doch Nicole tat alles, was in ihrer Macht stand, um ihre Gefühle nicht hochkommen zu lassen, denn sie wollte nicht noch mehr Probleme. »Ich war total wütend«, schrieb mir die sanfte Inhaberin eines Buchgeschäfts nach dem Retreat, »aber ich war zugleich wie gelähmt.«

So wie ich in den vergangenen dreißig Jahren gelebt hatte, hatte ich so ziemlich jedes Gefühl unterdrückt, bloß um nicht noch mehr Wellen zu schlagen. Dann fiel mir Ihr Buch in die Hände. Mich fesselte das Cover. Ich ging also ins Hinterzimmer, um darin zu lesen. Ihre Gefühle waren die meinen. Ich streiche in Büchern eigentlich nie etwas an, aber ich konnte einfach nicht anders. Ich habe alles unterstrichen! Keine Frage, dass ich an so einem Wochenende teilnehmen wollte. Während meines Aufenthalts in Cape Cod füllte sich das Buch für mich mit Leben – das Retreat und mit den vielen Frauen zusammenzukommen, die alle genau die gleichen Gefühle hatten, veränderte meine Einstellung. Es wurde mir zum ersten Mal klar, dass ich mir nie ein ganzes Wochenende für mich allein gegönnt hatte. Ist das nicht jämmerlich? Was zum Teufel ist bloß mit mir los?, ging es mir durch den Kopf. Wie blöd

bist du eigentlich, Nicole, dass du noch nie so was in der Art gemacht hast?
Als ich nach Kalifornien zurückkam, verfiel ich gleich wieder in meinen alten Trott und schenkte der Idee, Veränderungen und Konflikte zuzulassen, keine Beachtung. Ich fühlte mich nach dem Retreat gut und dachte, das sei schon ausreichend. Doch als die Euphorie langsam nachließ, drehte ich durch. Alles, was sich in mir angestaut hatte, brach sich Bahn. Mein armer Mann hatte keine Ahnung, was überhaupt los war, als seine sanfte Frau plötzlich bissig und rechthaberisch wurde. Aber er hörte mir natürlich zu und nahm es zur Kenntnis. Meine Intention, die ich bei dem Retreat kundgetan hatte, war Aufrichtigkeit. Mir war klar, dass ich, um mein Leben wirklich voll zu leben, mit meiner Person und den Menschen um mich herum weniger zurückhaltend umgehen musste. Als ich dann spürte, wie mich wieder meine alte Angst packte, ließ ich sie einfach aus mir herausströmen. Ich zwang mich, alles, was ich seit Jahren gedacht und empfunden hatte, offen auf den Tisch zu legen. Ich sprach über meine Sehnsüchte, meinen Wunsch, irgendwann einmal an einem Ort zu leben, wo es richtige Jahreszeiten gab, dass ich wieder nach Cape Cod wolle, dass ich alles tun wolle – bloß nicht so leben wie früher.
Als ich anfing, meine Gefühle anderen mitzuteilen, hatte ich große Angst. Ich war es so gewohnt, alles in mir unter Verschluss zu halten und ruhig zu sein. Aber je mehr ich herausließ, desto mehr spürte ich, wie Kraft und Euphorie wiederkehrten. Und das Beste daran war, dass mein Mann es uns zu meiner Überraschung leicht machte.
Er verstand das – zumindest ein bisschen. Wir hatten vor, im Sommer unsere alte Küche rauszuschmeißen, aber als ich meine Ansprache beendete, schaute er mich an und

meinte: »Willst du wirklich die Küche rausschmeißen oder willst du im Land herumreisen?« Wir reisten im Land herum – wahrscheinlich würden Sie das als unsere äußere Reise bezeichnen. Ich musste mich am Riemen reißen, um ehrlicher zu sein, aber wenn wir der Stagnation, die sich in unserem Leben breitgemacht hatte, entgehen wollten, mussten wir zusammenarbeiten und unsere Beziehung tragfähiger gestalten. Von ein paar anfänglichen Entgleisungen abgesehen, sollte sich diese Zeit als wunderbare Kehrtwende für uns beide erweisen. Wir lachten und redeten und teilten uns unsere Gedanken über alles und jedes Fleckchen Erde, das wir besuchten, mit. Am Ende kauften wir eine Pension in Woodstock, Vermont, und zogen in den Osten der USA.

Wir haben die ersten dreißig Jahre unserer Ehe damit verbracht, uns gegenseitig das Leben zu vermiesen, weil wir so vorsichtig und verschlossen und konventionell waren. Die nächsten dreißig Jahre wollen wir miteinander ein tolles Leben führen.

Wir sind, was wir wählen

Sowohl Ellen als auch Nicole hatten das Bedürfnis, wieder Leidenschaft zu empfinden, und mussten lernen, etwas aus ihren Träumen zu machen. Es war ihnen intuitiv klar, dass »ein Gefühl von Sinnhaftigkeit (oder ein Gefühl von Selbst) nicht bedeutet, Antworten parat zu haben«, wie C.G. Jung sagte, »sondern das Bewusstsein, aufgerufen zu sein. Denn schließlich ist das Leben eine Reaktion.«

Dennoch beachtet nicht jede Frau, die an einem Retreat teilnimmt, ihre innere Stimme oder weiß, wie sie rasch reagieren könnte. Ich habe mehrere Jahre gebraucht – nachdem ich das

Jahr allein am Meer verbracht hatte –, um wirklich zu verstehen, in welcher Hinsicht sich meine Werte und Bedürfnisse verändert hatten; und dann kam der Kampf, denn ich wollte ja herausfinden, welchen Weg ich einschlagen sollte. Denise ist das Beispiel einer Frau, die sich mit diesem Dilemma auseinandersetzt. Vielleicht erinnern Sie sich ja, dass sie sechs Wochen in Cape Cod verbracht hat. Als sie dann nach Hause zurückkehrte, stellte sie weiterhin den Fortbestand ihrer Ehe in Frage. Da sie keine Kinder hatte, musste sie an niemanden denken außer an sich selbst. Dennoch war sie überfragt. Ich schlug ihr vor niederzuschreiben, was ihr wirklich wichtig war. Ihre Liste war ungewöhnlich, aber konkret, und enthielt Punkte wie:

- Fotografie – Gesellschaft
- HIV/Aids Afrika
- Frauenforschung/geschlechtsspezifische Themen/Sexualität
- Schreiben
- Cape Cod.

An einem Nachmittag ging sie zu einem Meeting in ihrer alten Universität, um die Möglichkeit zu besprechen, ein Diplom im Fach Frauenforschung abzulegen – der sicherste Punkt ihrer Auflistung. Als sie in den Lift einstieg, sah sie an der Rückwand des Aufzugs einen einsamen Flyer kleben; er warb für ein informelles Treffen, bei dem es um die Arbeit mit von HIV/Aids infizierten Familien in Kenia ging. »Dieser Flyer war ein Aufruf für mich«, erzählte sie mir kürzlich.

Ich ließ das ursprüngliche Meeting sausen und folgte meiner Intuition. Als der Tag zu Ende war, hatte ich mich schon angemeldet, einen Scheck ausgestellt und mit dem

Packen begonnen. Ich habe mir keine großen Gedanken gemacht – ich habe nicht einmal meinen Mann gefragt. Ich wusste, dass dieser Schritt viele weitere zur Folge haben würde. Sobald ich die Entscheidung getroffen hatte, war klar, dass ich einen ersten wichtigen Grundstein gelegt hatte.
Zum ersten Mal habe ich das Gefühl, auf dem richtigen Weg zu sein – meinem eigenen Weg. Ich bin in der Lage, Vertrauen in diese Reise zu setzen, und ich mache mir nicht einmal Sorgen, ob ich das mir gestellte Ziel erreichen werde oder wie meine Zukunft aussehen wird. Meinen Fotoapparat nehme ich natürlich mit. Vielleicht lässt sich aus dem Abenteuer ja sogar ein Buch machen!

Denise hat – wie Ellen und Nicole auch – gelernt, auf ihr Herz zu hören und eine eigene Entscheidung zu treffen, und zwar ohne abzuwarten, bis sich die wirklich perfekte, vernünftige Gelegenheit bietet. Das Ergebnis ist Begeisterung, nicht ein Gefühl von Festgenageltsein. »Wir sind unsere Entscheidungen«, sagt Jean-Paul Sartre. Und wirklich macht sich jeder neue Schritt, den wir tun, und jede neue Gelegenheit, die wir zu ergreifen wagen, in Form von einem spannenderen Leben und mit erhöhtem Selbstvertrauen bezahlt.

Immer wieder am Scheideweg – samt vielfältigen Wahlmöglichkeiten

Hinter der Eingangstür zu meinem Haus befinden sich an der Wand viele Kruzifixe, die ich im Lauf der Jahre gesammelt habe. Ich halte mich zwar für eine spirituelle Frau, aber eine religiöse Funktion haben diese Kreuze dennoch nicht – sie erinnern mich eher ständig an die vielen Scheidewege, auf die

ich gestoßen bin, und an die vielen Wahlmöglichkeiten, die ich stets hatte. Diese Wand mit den Kreuzen fordert mich immer auf, nach vorn zu blicken, offen zu bleiben und alles, was sich mir bietet, positiv aufzunehmen. Eine Methode, wie man sich selbst dazu bringen kann, weiterzukommen und die zweite Reise anzutreten, ist, sich einfach einmal bewusst anzusehen, wie viele Wahlmöglichkeiten man eigentlich hat.
Bei meinen Wochenenden und Workshops teile ich immer Blätter mit leeren Kreuzen aus, wie sie auf Seite 203 abgebildet sind. In der Mitte eines jeden Kreuzes gilt es, ein Thema oder Anliegen zu schreiben, mit dem man momentan gerade befasst ist. Überlegen Sie sich derzeit, den Beruf zu wechseln? Oder wollen Sie eine Beziehung beenden? Oder sind Sie vielleicht unglücklich und fühlen sich durch Ihren Körper eingeschränkt oder durch Ihre finanzielle Situation? Was auch immer Sie behindert, schreiben Sie es in die Mitte des Kreuzes.
Nehmen Sie sich jetzt etwas Zeit für die folgenden Überlegungen: Welche Möglichkeiten stehen Ihnen zur Auswahl? Wir behindern uns oft selbst, indem wir nur einen oder zwei mögliche Wege sehen, obwohl in Wirklichkeit viel mehr existieren. Seien Sie bei Ihren Überlegungen so frei und fantasievoll, wie Sie nur können. Halten Sie nicht inne, um über Logik oder andere Leute nachzudenken, und schreiben Sie die einzelnen Möglichkeiten, die Ihnen in den Sinn kommen, in die verschiedenen Arme des Kreuzes. Als ich mir diese Übung ausdachte, war ich mit Themen wie Job, Familie, häusliche Umgebung, Finanzen, Körper und Vergnügungen beschäftigt. Ich war durch meine Unzufriedenheit wie gelähmt, die mit jeder dieser Kategorien einherging. Ich sah keine Alternativen und hatte Angst vor dem, was ich finden oder eben auch nicht finden würde, wenn ich es wagte, einen Schritt aus dem Konflikt herauszutun. Aber dann las ich etwas, das Maya Angelou gesagt hatte. Sie betrachtet jeden möglichen Weg ein-

fach als ein weiteres Abenteuer und schlägt vor, dass wir so viele Wege ausprobieren sollen, wie wir Lust haben. Wenn uns der eine oder andere dann doch nicht zusagt, müssen wir nur in die Mitte zurückkehren, um einen anderen Weg zu beschreiten. Sobald man an der Oberfläche von etwas kratzt, tun sich zig Möglichkeiten auf. Unsere Träume können nur lebendig bleiben, wenn wir unsere Reise fortsetzen. Ständige Bewegung und Neugier führen schließlich zum gewünschten Ziel. Es ist Zeit, loszuziehen und unbekanntes Terrain zu sondieren.

Sobald Sie Ihre Kreuze ausgefüllt haben, sollten Sie es wagen, die von Ihnen verzeichneten Wege auch wirklich auszuprobieren. Man kann schließlich nie wissen, welcher wirklich der richtige ist, wenn man an einem Scheideweg steht. Der Kunstgriff bei der Übung ist, sich die Freiheit zu nehmen, sich jede mögliche Alternative vorzustellen und – was ebenso wichtig ist – Ihre Einstellung so zu verändern, dass Sie jede Alternative als willkommene Gelegenheit für ein Abenteuer betrachten können.

Kühn sein

Selbst wenn wir den Weg sehen, dem wir folgen wollen, haben manche doch das Gefühl, von Menschen umgeben zu sein, die sie an ihrem Fortschritt hindern. Um diese Hürde zu nehmen, müssen wir uns Ultimaten setzen, Stellung beziehen und damit leben, wenn andere uns für nicht nett halten.

Kürzlich hatte ich eine Auseinandersetzung mit einer Cousine; sie war meines Erachtens verärgert, aggressiv und gab Urteile ab. Zuerst versuchte ich, meinen Standpunkt zu vertreten und die Diskussion durchzuziehen, doch dann hielt ich einfach den Mund. Obwohl ich mich unglaublich verwirrt und

verletzt fühlte, war mir klar, dass es einfach nicht mehr in meiner Natur lag, so feindselig und wertend zu sein; ich ziehe es mittlerweile vor, mich über etwas zu unterhalten, meine Ideen und kontroversen Meinungen mitzuteilen und – so hoffe ich jedenfalls – dabei auch etwas zu lernen. Aber ich verstehe auch, dass man das Wesen eines anderen Menschen nicht ändern kann. Man kann zum Beispiel niemanden zwingen, Christ zu sein und an Jesus zu glauben, ganz egal welch eine bedeutende Rolle der Glaube für einen selbst spielt. Wenn man sich also weiterentwickelt und verändert, verliert man bei diesem Prozess ganz automatisch andere Menschen. Bei langen Beziehungen stecken wir schnell in Gewohnheiten und Erwartungshaltungen fest. Wir führen mit bestimmten Menschen immer wieder die gleichen Gespräche. Aber hin und wieder müssen wir gewillt sein, unsere Meinungen zu aktualisieren, und anderen Leuten gestatten – und uns selbst auch –, sich auf eine neue Art und Weise auszudrücken, zu reagieren oder sich einzubringen. Beziehungen können nur fruchtbar sein, wenn zwei Personen sich auf einer geistigen Ebene treffen – wenn beide weiterhin suchen, vorwärtskommen und sich entwickeln wollen.

Der kühne Rat von Erich Brockovich macht Sinn: »Wer nicht ein paar Leute so vergrault, dass sie die Augenbrauen in die Höhe ziehen, der lebt nicht in vollen Zügen.« Sobald ich mir diese Devise zu Herzen genommen hatte, fiel es mir leichter, den Prozess einzuleiten, in meinem Leben aus dem Vollen zu schöpfen und dabei einfach ein paar Menschen außer Acht zu lassen. Viele Frauen aus meinen Retreats machen sich die Euphorie, die sie am Sonntag empfinden, zunutze, um dann zu Hause mehr Wagemut an den Tag zu legen. Rachel sagte beispielsweise zu ihrem Mann, einem Spieler, dass er professionelle Hilfe für seine Sucht in Anspruch nehmen oder ausziehen solle. DeeDee, die ungern mit ihrem Mann umgezogen war, entschloss sich, wieder in die Stadt zurückzugehen, die sie gerade verlassen hatten, um zu malen und näher bei ihren Freunden zu sein. Susannah verließ ihren verheirateten Liebhaber und nahm eine Stelle im Nachbarstaat an, um den Versuchungen dieser suchtartigen Beziehung ein Ende zu setzen. Pam schmiss ihren Job samt sechsstelligem Einkommen hin, um eine kleine Baumschule mit Kräutergarten zu eröffnen. Maria fing an, Sex abzulehnen, wenn sie nicht wirklich Lust dazu hatte. Alle diese Frauen wussten, dass sie einen kühnen Schritt wagen mussten, um die Freiheit zu erlangen, die sie brauchten und sich wünschten.

Einige Frauen sehen sich bei ihrem Streben vorwärtszukommen mit subtileren oder persönlicheren Hindernissen konfrontiert. Sie müssen vielleicht aufhören, sich in die Zukunft von anderen einzumischen. Oder sie müssen den Wunsch entwickeln, in ihrem eigenen Leben voll zum Zug zu kommen, anstatt vorsichtig zu sein. Oder sie sollten Freude daran haben, auch einmal etwas Ungewöhnliches auszuprobieren, und zwar ungeachtet der Reaktionen und Bewertungen ihres Umfelds. Wenn man sich im Leben neu einrichten will und akzeptiert hat, dass man seine zweite Reise angetreten hat, ist es das Wichtigste, mutig zu handeln und alle Hindernisse aus dem Weg zu räumen.

Was bekommen Sie aber, wenn Sie den Mut haben, alle Ihre Alternativen zu erkennen, und sich dann aussuchen, was Ihnen am besten zusagt? Was passiert, wenn Sie zu sich stehen und den Entschluss fassen, ein kühnes Leben zu führen? Es wird Ihnen langsam klar, dass Ihre Träume in Erfüllung gehen können. Und Sie finden einen neuen Sinn. Sie werden rege und lebendig. Goethe meinte dazu: »Jedes Leben sei zu führen, / Wenn man sich nicht selbst vermisst; / Alles könnte man verlieren, / Wenn man bliebe, was man ist.«

Abschließende Zusammenfassung des Kapitels

- Zeichnen Sie all Ihre Wahlmöglichkeiten auf.
- Führen Sie ein kühnes Leben.
- Geben Sie Ihren Leidenschaften nach – egal ob groß oder klein.
- Sammeln Sie Komplimente.

Die zweiten Reisen kommen in verschiedenen Größen und Formen daher – und sie ermessen sich nicht an erklommenen Berggipfeln oder Marathonläufen. Eine kleine Reise kann einen ebenso wichtigen Einfluss auf den allgemeinen Kurs und auf die Qualität Ihres Lebens haben. Es geht nur darum, Unvorhersehbares mit Freunden anzunehmen – sich kreativ vom allgemeinen Alltagstrott und den Menschen, mit denen man zusammenlebt, abzugrenzen und der eigenen Intuition zu folgen, egal in welcher Form. Jede Aktivität hat das Potenzial, dem Wachstum fruchtbaren Boden zu bereiten. Sobald man sich für etwas Neues einsetzt, belebt das die intellektuellen, emotionalen, spirituellen und physischen Perspektiven. Dabei wirft das Neue auch ein erhellendes Licht auf unerwartete Wege.
Als Joan Erikson den modernen Tanz für sich entdeckte, war sie schier am Jubeln: »Ich kann das, ich kann das wohl wirklich!«, erzählte sie jedem, der es hören wollte. »Es ist einfach toll, jeden Körperteil zu nutzen.« Sie hatte immer den Eindruck gehabt, dass ihr Körper ihr großes Plus war und dass sie mehr damit anfangen konnte, als Kinder zu kriegen und ihre tagtäglichen Aufgaben zu bewältigen. »Der Tanz half mir, die Normen nicht so wichtig zu nehmen«, erklärte mir Joan einmal. »Er hat etwas Fließendes. Er macht einen flexibler und körperbewusster und hat somit etwas Lebensbejahendes. Wenn man tanzt, drückt man mit seinem ganzen Körper aus, wofür man keine Worte hat, und mit der Zeit kommt man in die reinste Ekstase.«
Eine meiner Freundinnen empfand die gleiche Begeisterung, als sie sich wieder ernsthaft der Kunst zuwandte. »Ach, ich habe an der Highschool Kunst unterrichtet, aber ich hatte nie genug Zeit, um selbst richtig Karriere als Künstlerin zu machen. Als die Kinder aus dem Haus gingen, richtete ich mir in

einem von ihren Zimmern ein Atelier ein und begann zu malen. Ich konnte einfach nicht mehr aufhören! Neulich hatte ich nicht nur meine erste Einzelausstellung, sondern rief mit einer Freundin auch noch ein Programm ins Leben, bei dem Frauen mit Hilfe von Kunst, Tagebüchern, Erinnerungen und Körperarbeit wieder zu sich selbst finden. Ich habe das Gefühl, als hätte ich meinen Platz im Leben gefunden, und jetzt will ich unbedingt auch andere ermutigen, ihren Weg aus dem Stillstand zu finden.« Ihre Begeisterung war so ansteckend, dass sogar ihr Mann davon gepackt wurde. Bei ihrer Vernissage schüttelte er erstaunt den Kopf über die vielen Leute und die geballte Energie und klebte beglückt Schildchen mit der Aufschrift »verkauft« auf zahlreiche Bilder.

Die meisten von uns sehnen sich nach Ganzheit. Wir sehnen uns danach, unsere Ressourcen an Rohmaterial freizulegen, die wir aufweisen, aber nicht die Gelegenheit hatten – oder den Mut –, auch zu nutzen. Wir müssen im Lauf des Lebens immer wieder von vorn anfangen. Niemand kann wirklich wissen, was er tun soll, wenn er sich nicht die Zeit genommen hat, mit diesem und jenem zu experimentieren, um seinen Geist neu zu beleben. Experimente sind der einzige Weg aus der Stagnation. Wir alle haben spezielle Neigungen, individuelle Ideen, bestimmte Reaktionen. Wenn wir schließlich an einem Punkt anlangen, wo wir dergleichen nicht als Unsinn abtun, haben wir die Chance herauszufinden, was uns wirklich glücklich macht. Zweite Reisen beginnen mit einer Vorahnung, einer Vorstellung, einem Wunsch, aus einer unguten Situation etwas Positives zu machen. Sie entwickeln sich, wenn wir diesen Andeutungen von Glück Folge leisten und es wagen, zu erkunden, wer wir wirklich sind.

Einige der offenkundigeren zweiten Reisen wurden von bekannten Persönlichkeiten gemacht. Jimmy Carter musste etwa ganz von vorn anfangen, nachdem er als Präsident nicht wiedergewählt worden war; und er musste sich die gleiche Frage stellen wie wir auch: Was soll ich jetzt machen, und was soll aus mir werden? Nach zig Fehlstarts und stundenlanger Seelenforschung tat er schließlich einen Schritt nach dem anderen und rief das Projekt Habitat for Humanity ins Leben.

Mutter Teresa hatte irgendwann das Gefühl, dass ihr Dasein als alleinstehende Frau bedeutungslos war. Da sie sich keinesfalls wie eine Versagerin vorkommen wollte, folgte sie nur zu gern dem Ruf der Kirche. Und so begann sie also mit vierzig Jahren ihre zweite Reise und gründete einen Orden, den sie in den Dienst der Ärmsten der Armen von Indien stellte.

Das Streben nach einer stimmigen Existenz ist jede Anstrengung wert, weil der Lohn nicht nur Auswirkungen auf uns selbst, sondern auch auf die Menschen in unserem Umfeld hat. Der Psychologe Douglas LaBier, Fachmann in Sachen reifere Liebe, ist der Auffassung, dass bei einem Paar beide Partner die Beziehung real oder symbolisch verlassen müssen, um zu ihren Talenten oder Freuden zu finden; anschließend kommen beide mit neuer Energie zurück, was wiederum der Beziehung einen Kick gibt. Lange Beziehungen brauchen frische Energie, die sich einstellt, sobald einer der beiden Partner sich weiterentwickelt oder verändert.

Nach meinem Jahr der Seelenforschung erkannte mein Mann, wie viel mir das gebracht hatte, und wollte dergleichen auch für sich. Anstatt als Zaungast zuzuschauen, stürzte er sich in seine eigene Suche nach Abenteuern und neuen Berufungen. Er arbeitete nicht mehr als freiwilliger Helfer bei einer sozialen Einrichtung in der Stadt, sondern ließ sich offiziell wählen und stieg vom staatlichen Schulinspektor zum Interimspräsidenten eines College auf. Meine Karriere als Schriftstellerin nahm einen Aufschwung und sein Leben auch. Wir engagierten uns nun beide in neuen Bereichen, und die Begeisterung, die wir empfanden, belebte unsere Ehe.

»Du kannst auf dem Pfad nicht gehen, bevor du nicht selbst der Pfad geworden bist«, sagt Gautama Buddha. In großen und kleinen Dingen produktiv und aktiv zu werden verleiht dem Leben Farbe – wie ein Krokus, der sich seinen Weg durch eine weiße Schneedecke bricht. Einen neuen Weg zu beschreiten bringt Zufriedenheit und ein Gefühl von zunehmender Hoffnung. Wenn man etwas tut – egal worum es sich handelt –, ist das der Beweis, dass es mehr im Leben gibt, als nachzudenken und zu grübeln. Ein Weg führt zum nächsten. Wir entfachen wieder intensive, leidenschaftliche Gefühle, die zu lang am Schlummern waren. Und wir bemerken dann langsam auch, dass wir sogar unseren Spaß dabei haben.
Also los – egal was es ist. Tun Sie einen Schritt über das Vertraute hinaus. Wer weiß, wohin eine Stunde Malunterricht führt oder was ein Bauchtanzkurs für Ihr Glück und Ihre Ziele bewirken kann – oder das Training für ein Radrennen oder einfach, einmal im Monat ein Buch zu einem neuen Thema zu lesen. Zur Kennerin von Selbst und Seele zu werden ist ein Prozess, der nie aufhört. Die sinnvollste Möglichkeit, immer weiter zu »studieren«, ist, alle zur Verfügung stehenden Möglichkeiten zu ermitteln. Dabei wird ein Interesse zu Ihnen sprechen, und so nimmt Ihre einzigartige zweite Reise dann ihren Anfang. Wir sind es uns alle schuldig, ein erfülltes Leben zu pflegen. Wir alle haben die Kraft und die Kreativität, aus dem Nichts etwas aufzubauen. Davon abgesehen würde Joan Erikson wohl sagen: »Es ist Schwäche, bloß herumzusitzen und zu warten, dass das Leben auf einen zukommt.« Man braucht nicht ein Übermaß an Energie, um ein kreatives Leben zu führen. Um unser Leben neu zu gestalten, müssen wir auf die Werte zugehen, die wir für uns als die bedeutungsvollsten und existenziellsten erkannt haben. Was wir suchen, kommt auf uns zu.

Fragen zur zweiten Reise

- Wurden Ihnen in den vergangen Jahren Veränderungen aufgezwungen?
- Haben Sie eine emotionale Krise durchgemacht?
- Haben Sie das Bedürfnis verspürt, eine äußere Reise zu unternehmen – allein wegzufahren, ein Abenteuer zu erleben, eine Weile unabhängig zu sein?
- Wenn Sie das bereits getan haben: Hatten Sie das Gefühl, dass auf dieser Reise eine Veränderung stattgefunden hat? Haben Sie diese Veränderung hinsichtlich Sinn, Werten und Zielen erlebt?
- Wollten Sie Ihre alten Ziele und Werte, die Ihnen von Ihrem jetzigen Standpunkt aus schal oder bedeutungslos vorkommen, hinter sich lassen?
- Fühlen Sie sich aufgrund Ihrer Veränderung außen vor, von Ihren Freunden getrennt und deshalb irgendwie verloren?

Um zur nächsten Phase Ihres Lebens fortzuschreiten, müssen Sie sich stärker fordern. Es kann sein, dass Sie Ihre derzeitige Beziehung eine Weile aufgeben, an einen unbekannten Ort reisen oder einen neuen Beruf anfangen müssen. Sie sind jetzt allein auf einer neuen Reise, auf Ihrer zweiten Reise. Wenn Sie dabei zu sich selbst stehen, werden Sie mit der Zeit neue Kraft in sich aufsteigen spüren.

Komplimente sammeln

Wenn wir jetzt also unsere zweite Reise antreten, sind wir ständig mit Entscheidungen konfrontiert. Welche Richtung sollen wir einschlagen, welche Interessen verfolgen und welche Beziehungen fortführen? Eine der wichtigsten Entscheidungen, denen wir uns ausgesetzt sehen, ist, ob wir auf uns selbst hören wollen oder auf andere. Wir können kaum lernen, auf unsere Intuition zu vertrauen, wenn wir nicht mit uns im Reinen sind und uns wohl fühlen, wenn wir nicht lernen, die negativen Stimmen, die uns immer bedrohen oder fertigmachen, zum Schweigen zu bringen. Manchmal kommen diese Stimmen von anderen; manchmal steigen sie tief aus unserem Inneren empor. Eine der einfachsten Möglichkeiten, mehr Selbstvertrauen zu gewinnen, ist, Komplimente zu sammeln. Als mein Selbstwertgefühl so ziemlich am Nullpunkt war, ging ich so weit, herumzuspazieren und mir laut immer wieder meine eigenen Vorzüge zu wiederholen. Das war meine Art, mich meiner positiven Eigenschaften zu versichern; im Grunde wusste ich ja, dass ich sie besaß, aber andere schienen sie dennoch kaum zu bemerken. Oder doch? Vielleicht war mein Mann ja nur geizig mit Komplimenten, aber traf das auch auf alle anderen Leute in meinem Leben zu? Es dämmerte mir langsam, dass vielleicht mein mangelndes Selbstwertgefühl das Problem war. Da es mir peinlich war oder ich sie sowieso nicht glaubte, tat ich die positiven Äußerungen anderer Menschen zu meiner Person einfach ab.
Ich beschloss, den anderen von nun an gut zuzuhören, wenn sie mit mir redeten – also wirklich hinzuhören, was sie zu sagen hatten, und mir die Komplimente zu notieren, die ja ganz

zwangsläufig auch mit dabei waren. Zu meiner Überraschung musste ich feststellen, dass ich viele nette Komplimente bekam – einige von meinem Verleger, telefonisch von meiner Schwiegertochter, von Freunden, die mit mir in einer karitativen Organisation zusammenarbeiteten. Es machte mir Spaß, diese Komplimente aufzuschreiben und sie an meinen Computer zu kleben. Mit der Zeit lernte ich nicht nur zuzuhören und diese Komplimente überhaupt wahrzunehmen, sondern hielt sie sogar für stimmig.

Wir können unser Selbstbewusstsein und unsere Selbstachtung wiedererlangen, wenn wir mehr auf die positiven Kommentare in unserer Umgebung achten und das Negative ignorieren – oder uns zumindest keine großen Gedanken darüber machen. Komplimente können Hinweise sein, welche Fähigkeiten Sie haben und welche Richtung Sie vielleicht einschlagen wollen. Nehmen Sie sich also Zeit zu hören, was andere Ihnen zu sagen haben. Glauben Sie das Positive – und richten Sie Ihre Handlungsweise danach aus.

Nach dem Retreat

RÜCKKEHR

Den Entschluss fassen, eine Neue am alten Ort zu sein

»Wir kommen in dieses Leben, um bestimmte Geschenke zu machen. Wenn wir sie nicht machen, wer sonst sollte es tun? Wir sind so einzigartig, so individuell – der Welt ginge ein wertvolles Geschenk verloren, wenn wir nicht teilen wollten.«

ANONYM

Wiedereintritt

Alles Schöne hat ein Ende, und – leider – auch solch ein Wochenende auswärts. Aber das bedeutet nicht, dass Sie schnell wieder Ihr altes Leben aufnehmen und nicht an der Heiterkeit und Einsicht festhalten sollten, die Sie auf dem Retreat gewonnen haben. Schließlich besteht der eigentliche Sinn eines solchen Retreats in der Reparatur, Regeneration und Rückkehr, und zwar nicht nur erfrischt, sondern verändert. Sobald Sie sich in aller Ruhe hinsetzen und Bestandsaufnahme machen, wird Ihnen klar werden, dass sich eigentlich alles verändert hat – Ihr Aussehen, Ihr Verhalten, Ihre Gefühle, Ihr Denken. Um an dieser wunderbaren, unfertigen Frau festzuhalten, die Sie geworden sind, müssen Sie im Zustand des Erwachens bleiben. Und das passiert nur, wenn Sie Ihren Wiedereintritt in Ihr Leben zu Hause so ernst nehmen wie zuvor Ihren Abschied.

Ich werde nie Deliah vergessen, eine hinreißende Dreißigjährige aus New York. Deliah hatte als Bankerin eine tolle Karriere gemacht, sie hatte einen Mann, zwei kleine Kinder und mehrere Angestellte. Als sie irgendwann eine Auszeit wirklich bitter nötig hatte, ließ sie alle daheim zurück, um auf Cape Cod ein Retreat zu machen. Vom ersten Moment an, als sie die Pension betrat, konnte jeder ihr Selbstvertrauen spüren. Ihre Körpersprache zeugte von Kontrolle und Stärke. Ihre Fragen waren immer auf den Punkt gebracht. Ihre Entschlossenheit, sich zu verändern und weiterzuentwickeln, war beherzt. Im Lauf des Wochenendes kam sie voran und schien die verschiedenen Erfahrungen mühelos in sich aufzunehmen und sich mit jeder einzelnen zu verändern. Aber dann, am Sonntagnachmittag, als alle anderen sich in der Sonne und in ihrer Euphorie aalten, konnte Deliah nur mit Mühe ihre Tränen zurückhalten. Schließlich fragte sie mit unsicherer Stimme: »Wie soll ich denn jetzt nach Hause fahren und nach dieser Erfahrung wieder mein altes Leben aufnehmen? Ich habe solche Angst!«

Es war das erste Mal, dass jemand diese Frage so unumwunden gestellt hatte, und ich fühlte mich unter Druck, auch eine sinnvolle Antwort zu geben. Der Wiedereintritt ist gar nicht so einfach. Er ist viel komplizierter, als man eigentlich meint, und er gehört mit Sicherheit zu den angstauslösendsten Aspekten eines Wochenendseminars. Ich schlug Deliah also vor, die Sache einfach auf sich zukommen zu lassen – ohne vorgefassten Plan. Sie wirkte überrascht und offensichtlich enttäuscht, dass ich keine konkretere Antwort parat hatte. Sie suchte nach einem Plan und hatte auch wirklich einen nötig.

»Aber ich weiß, dass mein Mann mir jede Menge Fragen stellen wird«, erklärte sie mit Nachdruck.

»Ja, sicher«, fuhr ich fort, »aber momentan haben Sie keine Antworten auf Lager.«

»Was?«, fragte sie, und alle anderen im Zimmer schienen ebenso verblüfft. Hatten sie nicht ein ganzes Wochenende damit zugebracht, ihre eigene Person zu hinterfragen, über ihre Vergangenheit und Zukunft nachzudenken, in den Symbolen der Natur nach Sinnhaftigkeit zu suchen? Wie konnte es sein, dass sie jetzt nicht mit jeder Menge Strategien nach Hause fuhren? »Momentan«, fuhr ich fort, »sind Sie voller Gefühle und voller Erinnerungen an das Erfahrene, aber Sie können das alles unmöglich schon verarbeitet haben. Ein Aha-Moment ist eine Sache. Aus all diesen Momenten etwas zu lernen und Ihr neu gewonnenes Wissen anderen gegenüber zu beschreiben ist etwas anderes. Ich habe mehrere Jahre gebraucht, um herauszufinden, in welcher Hinsicht ich mich verändert habe und wie ich das meiner Familie und meinen Freunden erklären sollte. Sie haben sich mit Sicherheit verändert, aber ich würde Ihnen raten, nicht zu versuchen, jemandem mitzuteilen, auf welche Weise. Behalten Sie Ihre Erfahrungen eine Weile für sich. Kommen Sie wieder auf sie zurück. Denken Sie über ihre Bedeutung und ihren Sinn nach. Halten Sie an Ihren neuen Zielen und Träumen fest. Wenn Sie all den Menschen gegenüber, die Sie erwarten, mit Ihren neuen Gedanken herausplatzen, laufen Sie Gefahr, einen Teil Ihrer soeben gefundenen Kraft zu verlieren. Diese Leute haben Ihre Arbeit nicht geleistet und haben auch nicht die Absicht, tiefschürfende Fragen zu stellen; und aller Wahrscheinlichkeit nach, werden sie sich durch Ihre Antworten bedroht fühlen und versuchen, Argumente gegen Ihre neuen Werte ins Feld zu führen. Momentan ist es am besten, so etwas Einfaches zu sagen wie: ›Es war eine tolle Erfahrung, aber ich weiß noch nicht recht. Sobald ich mir besser im Klaren darüber bin, reden wir darüber.‹«

Einen Gang zurückschalten und nicht zu schnell vorpreschen

Ich vergleiche den Wiedereintritt gern mit der kurzzeitigen Bewusstlosigkeit von Astronauten, wenn sie nach einem Raumflug wieder in die Erdatmosphäre eintreten. In dieser Zeit findet zwischen dem Kontrollzentrum und dem Raumschiff keine Kommunikation statt, sondern es besteht eine Pause – das ist ein Augenblick, in dem alle Beteiligten schweigen, bis das Raumschiff schließlich sicher gelandet ist.

Eine ähnliche Pause kann einer Frau, die an einem Retreat teilgenommen hat, helfen, ihre empfundenen Gefühle beizubehalten und die im Retreat gewonnenen Einsichten zu verarbeiten. Mein eigener Mann fand eine Pause immer wichtig, wenn er von der Arbeit nach Hause kam. Wenn er durch die Tür treten und sich ins Schlafzimmer zurückziehen konnte, um seine Sachen zu wechseln und durchzuatmen, dann wusste er, dass er imstande sein würde, den restlichen Abend über einen Beitrag zum Familienleben zu leisten. Wir müssen uns diesen Respekt auch selbst zuteilwerden lassen, und zwar vor, während und nach unserer Rückkehr nach Hause, damit wir die spannende Reise, die wir begonnen haben, auch fortsetzen können.

Ich habe eine Freundin – Lynne heißt sie –, die es auf sich nahm, sich um einen Nachbarn zu kümmern, der im Sterben lag: Aids. Seine Familie hatte ihn im Stich gelassen, und Lynne pflegte ihn nicht nur, sondern arrangierte auch seine Beerdigung – und all das, während sie für ihre eigenen zwei kleinen Kinder sorgte. Als sie nach dem Begräbnis zu sich nach Hause kam, deprimiert wegen ihrer unverarbeiteten Trauer, provozierte ihr Mann sie ganz schrecklich: »Na, bist du endlich auch wieder da?«, meinte er. »Spielst du jetzt wieder die Ehefrau und Mutter?« Lynne war völlig fertig. Es war ihr rein körperlich nicht möglich, die Rollen, die sie vorübergehend zurückgestellt hatte, unverzüglich wieder aufzunehmen, ohne Zeit zu haben, Trauerarbeit zu leisten, Kräfte zu sammeln und sich dann – aber wirklich erst dann – wieder auf ihre Familie einzustellen. Natürlich brauchte Lynne unbedingt Schlaf, aber sie musste auch über ihren Verlust trauern – eine achtsame Pause einlegen – wie alle Frauen, die ihren Wiedereintritt in Angriff nehmen.

Die Frauen von den Wochenend-Retreats legen enorme Kreativität an den Tag, was ihren Wiedereintritt angeht. Viele kehren nach Hause zurück, gehen aber nicht gleich wieder zur Arbeit, sondern nehmen sich ein paar weitere Tage frei, um sich daheim wieder zu akklimatisieren. Zwei Freundinnen aus der Umgebung von Boston wählten ganz bewusst einen langen Heimweg: Sie fuhren mit dem Fahrrad am Cape-Cod-Kanal entlang und machten eine Pause in ihrem liebsten Fünf-Sterne-Restaurant, um sich ein Feinschmeckeressen zu gönnen. Als sie dann in die Zufahrt zu ihrem Haus einbogen, waren ihre Familien schon im Bett und sie konnten sich heimlich, still und leise im Dunkeln wieder eingewöhnen. Andere Frauen nahmen sich aus einer Laune heraus ein Motelzimmer, um sich eine Nacht mehr Freiheit zu verschaffen. Und so manche hat auch ihren Aufenthalt in unserer kleinen Pension einfach verlängert, bis sie das Gefühl hatte, dass der richtige Augenblick zum Abreisen gekommen sei.

Eine jüngere Teilnehmerin nutzte die Pause bei ihrem Wiedereintritt – ein langer Flug zurück nach Idaho –, um den Brief zu lesen und immer noch einmal zu lesen, den sie in ihrem Tagebuch an sich selbst geschrieben hatte:

Liebe Elaine,
Du hast Zeit, mein Schatz. Das weißt Du doch, oder? Man kann diese sieben Gaben nicht beschleunigen – Hoffnung, Sinn, Zuversicht, Treue, Liebe, Fürsorge und Weisheit. Sie

offenbaren sich, wenn sie dazu bereit sind – aber ich möchte Dir spezifischeres Werkzeug an die Hand geben, denn ich kenne Dich besser als Du Dich selbst.
Erkläre, überzeuge, beurteile und manipuliere andere nicht! Du hast jetzt gelernt, wie Du Dich selbst bestätigen kannst. Selbstbestätigung ist keine Frage von Gier oder Egoismus. Du bist in der Lage, Dich selbst zu segnen, zu bestätigen, zu erkennen und zu billigen! Ich weiß das, weil ich Dich kenne!
Sieh ein, dass alles gut wird. »Pah!«, sagst Du abschätzig. Zu simpel? Nein. Atme tief durch. Du bist sechsunddreißig. Du hast vermutlich noch 528 Monate zu leben, ein paar hin oder her. Du bist jetzt glücklich? Es kann nur besser werden. Ich weiß das, weil ich Deine Zukunft kenne. Ja, wirklich. Deine Aufgabe ist es, zwei Kinder großzuziehen, damit sie nicht mehr von Dir abhängig sind. Du hast das Zeug dazu. Du weißt, was Du zu tun hast, aber atme erst einmal tief durch.
Akzeptiere Deine Verantwortung. Was kann im schlimmsten Fall passieren? Ablehnung? Missbilligung? Im Stich gelassen zu werden? Du hast Dich mit diesen drei Punkten bereits auseinandergesetzt. Du bist viel stärker, als Du meinst, Elaine! Wenn Du Glück, Zufriedenheit und Frieden empfindest, kannst Du niemandem die »Schuld« daran geben außer Dir selbst. Das Leben der Mondschnecke ist Dein. Mach alles, wenn Du Dich gut dabei fühlst (mit Sinn und Verstand) und übernimm Verantwortung! Billigung und Bestätigung von außen KÖNNEN jetzt nichts mehr bringen. Mach Dich nicht von diesen äußerlichen Impulsen abhängig. Du möchtest DEINE Kraft wiederhaben? Die hast du schon, Mädchen!
Und blooooooß keine Schuldgefühle! Schuldgefühle sind nur ein Vorwand, nicht zu tun, was Deiner Meinung nach

andere von Dir erwarten. Hab keine Schuldgefühle! Was sind Schuldgefühle? Du kennst Deine Grenzen. Jetzt fang an zu leben. Die Uhr tickt. Viel Spaß!
Ich hab Dich lieb.
Elaine

Elaines Akklimatisierung zu Hause verlief ohne besondere Zwischenfälle. Indem sie sich mit ihren Gedanken beschäftigte, war sie in der Lage, ihre neue Sichtweise und Einstellung zu verankern und zu einem gefestigten Standpunkt zu finden, bevor jemand sie irritieren und aus dem Gleichgewicht bringen konnte. »Ich bin mit einem geheimen inneren Frieden nach Hause zurückgekehrt, mit einem neuen Gefühl der Ruhe. Ich fühlte mich näher bei mir selbst und auch stärker – nicht so abhängig. Selbstversorgend eigentlich. Ich wusste, dass ich mich um wichtige Punkte wie die Finanzen oder die Krankenversicherung kümmern konnte, wenn ich musste, weil ich in dieser Woche meine ganzen Stärken kennengelernt hatte.«

Geheimnisse sind Macht

Elaine befolgte intuitiv den Rat der Schriftstellerin Louise Driscoll, die meint: »In seinem Herzen sollte man sich einen Traum bewahren, aber trotzdem darauf achten, wohin er führt.« Elaine nutzte ihre Pause, um sich ihr neu gewonnenes Gefühl von Stärke und Kraft beziehungsweise Macht zu Herzen zu nehmen, so dass es von allen Anforderungen des Alltags und ihrer jungen Familie unbehelligt blieb.
Joan Erikson war die Erste, die mich die Macht der Geheimnisse lehrte – was bedeutet, an Ideen oder neuen Gedanken festzuhalten, bis sie in die eigene Persönlichkeit integriert

sind. »Geheimnisse sind deine Macht, meine Liebe«, sagte sie immer. »Sie geben dir Gelegenheit, in deiner persönlichen Intimsphäre etwas auszuprobieren. Ich hatte immer meinen Spaß daran, Geheimnisse zu haben. Wer ein Geheimnis hat, entwickelt eine starke Persönlichkeit. So verwandelt sich Frustration irgendwie in Macht. Ich tue gern etwas, wovon ich erst viel später erzähle, wenn überhaupt. Wahrscheinlich habe ich damit angefangen, weil fast alles, was ich als Kind tat, keine Billigung fand. Ich musste einfach mit meinen Abenteuern weitermachen und auch mein eigenes Leben führen – heimlich. Und diese vielen Geheimnisse akkumulierten sich dann zu meiner individuellen Persönlichkeit.«

Joan drängte mich, jede Welt zu erkunden, die mich interessierte, und mir dabei nur eines zur Regel zu machen: zum Abendessen wieder zu Hause zu sein. »Die meisten Menschen in deinem Umfeld sind so mit sich selbst beschäftigt, dass es ihnen ziemlich egal ist, was du im Schilde führst – allerdings nur, insofern dein neues Leben ihren alten Trott nicht stört. Und sag keinem, was du so treibst, weil sie nämlich nur versuchen werden, dein neues Verhalten zu verändern oder dich darin einzuschränken.«

Wie bei allem, was wir tun, ist es am besten, klein und heimlich, still und leise anzufangen, wenn wir etwas an unseren Gewohnheiten und Verhaltensweisen verändern wollen. Es macht wenig Sinn, seine Vorhaben herauszuposaunen. Sonst läuft man Gefahr, die Menschen in seinem Umfeld zu vergraulen, die zu einer Neudefinition ihrer begrenzten Welt nicht bereit sind. Es ist besser, Veränderungen in kleinen Schritten herbeizuführen – eine nach der anderen. Es dauert schon lang genug, bis eine geringfügig neue Verhaltensweise ins entsprechende Gleichgewicht findet. Aber hoffentlich haben Sie während des Retreats gelernt, was Sie brauchen, um sich einen wohligen Tag zu machen – und denken Sie dran:

angenehm ist das Ziel, Perfektion hatten wir schon genug. Üben Sie sich darin, angenehme Tage zu verbringen, und vertrauen Sie darauf, dass die größeren Veränderungen dann schon nachfolgen werden.

Ich achte immer darauf, aktiv etwas zu tun – Körperarbeit, Kontemplation oder neue Gedankenspiele. Indem ich sicherstelle, dass derartige Freuden Bestandteil meines Tages sind, werde ich zu meiner eigenen Therapeutin. Ich heuere mein eigenes Bewusstsein an, um handlungsorientiert und engagiert zu bleiben. Das ist meine Formel für ein Höchstmaß an Instandhaltung. Ein Schritt bedingt den anderen, und im Handumdrehen werden aus gewöhnlichen Momenten in der Vergangenheit tolle, besondere Tage in der Gegenwart.

Im Zustand der Erleuchtung bleiben

Je mehr Sie sich selbst fordern, desto weniger verunsichern Sie die Meinungen und Urteile von anderen. Familie und Freunde ziehen entweder mit oder nicht. Aber wenn Sie auf dem weniger ausgetretenen Pfad weitergehen, erkennen die Menschen in Ihrer Umgebung schließlich, dass Sie sich wirklich verändern wollen – Sie sind in Bewegung, und keiner kann Sie aufhalten.

Ihre Abweichungen von der alten Routine wirken mit der Zeit normal, nicht extrem. Jeder bewusste neue Versuch ermutigt Sie zu ein bisschen mehr. »Hat eine Frau die Empfindung, dass bei ihrem Tun eine mystische Dimension mit im Spiel ist, berührt und inspiriert das ein tiefes kreatives Zentrum in ihr«, sagt Jean Shinoda Bolen. Und im Handumdrehen wird diese Frau dann »in höheren Regionen schweben«.

Genau das ist jedenfalls Denise passiert, der Frau, die sich angefacht fühlte, ihre Träume zu realisieren und eine Weile in

Afrika zu arbeiten. Von dem Augenblick an, als sie am Flughafen ankam und in ihren Flieger stieg, um sich in ihr Abenteuer zu stürzen, empfand sie tiefsten Frieden. »Ich war so ruhig wie nie zuvor – klar, weil ich das jetzt machte. Und als ich in Afrika war, mit Kindern arbeitete und sah, wie stark die Frauen dort waren – was sie alles ertrugen und wie sie von fast gar nichts lebten –, da wurde mein Entschluss, auf Kurs zu bleiben und meinen neuen Weg weiterzuverfolgen, sogar noch stärker.«

Mit Feuereifer sucht Denise jetzt noch mehr das Abenteuer und bringt ihre Fähigkeiten als Sozialarbeiterin an anderen Orten, an denen Not und Elend herrscht, zum Einsatz. Alle Hürden, die zu nehmen ihr solche Sorgen bereitet hatte, sind plötzlich kein Problem mehr. Nichts kann sie abschrecken oder aufhalten. Sie ist in die Idee verliebt, dass sie es sich mit Recht verdient hat, ein erfülltes Leben zu führen. Und warum auch nicht? Wie der irische Philosoph John O'Donohue in seinem Buch über die Weisheit der Kelten sagt:

> *In der Tiefe eines jeden Lebens, egal wie langweilig und ineffektiv es vordergründig auch zu sein scheint, ereignet sich etwas Ewigliches. Wer dem Risiko und der Ambivalenz des Wachstums treu ergeben ist, nimmt sein Leben in Anspruch. Die Seele liebt das Risiko. Nur durch die Tür des Risikos vermag Wachstum einzutreten. Möglichkeit und Veränderung werden zu Wachstum innerhalb eines Zeitabschnitts, den wir als unseren Tag bezeichnen. Wir leben in unseren Tagen. Der Rhythmus formt unser Leben. Jeder neue Tag bietet neue Möglichkeiten, die nie zuvor erkannt wurden. In aller Ehre die vollen Möglichkeiten des eigenen Lebens in Anspruch zu nehmen bedeutet, auf wertvolle Weise die Möglichkeiten Ihres neuen Tages in Anspruch zu nehmen.*

Das ist es nun also. Wer im Zustand der Erleuchtung bleiben will, muss seine eigene wesenhafte Heiligkeit akzeptieren. Entscheiden Sie, wie Sie Ihren Tag gestalten möchten, damit Sie am Ende einen Fixpunkt und auch Kontrolle haben. Wie ich an früherer Stelle bereits gesagt habe, brauche ich Aktion, Körperarbeit und Zeit für kontemplative Gedanken, um die bewusste Frau sein zu können, die zu sein ich mich entschlossen habe. Was brauchen Sie, um Ihr neues, fein abgestimmtes, sinnvolles Leben fortzuführen? Es können einfach ein paar bedeutungsvolle Momente sein. Wie eine fünfundachtzigjährige Freundin von mir kürzlich einmal sagte: »Ach, ich hatte meine Momente. Und wenn ich alles noch einmal machen müsste, hätte ich noch mehr davon. Ich würde wirklich versuchen, gar nichts weiter zu haben – nur Momente, einen nach dem anderen, anstatt so viele Jahre lang jeden Tag im Voraus zu leben.«

Salty Sisters

Bis zu Ihrer Rückkehr haben Sie einen Großteil Ihrer inneren Arbeit für sich allein geleistet, aber um Ihre Reise fortzusetzen, müssen Sie nun Menschen finden, die Ihren Wunsch nach Veränderung unterstützen und Ihren neuen Idealen Nahrung geben. Niemand kann diese Reise alleine unternehmen. Man braucht wirklich ein ganzes Dorf, um auf Kurs zu bleiben, und deshalb empfehle ich all meinen Seminarteilnehmerinnen, eine Frauenrunde zu gründen, sobald sie wieder zu ihrem Rhythmus gefunden haben. Jean Shinoda Bolen aus der Schule von C.G. Jung schlägt in ihrem Buch »The Millionth Circle« genau das Gleiche vor, wenn sie behauptet, der einzige Weg, sich zu verändern – und anschließend die Welt – sei, einen derartigen Kreis ins Leben zu rufen.

Viele ehemalige Seminarteilnehmerinnen haben festgestellt, dass sie die gute Stimmung dieses Wochenendes aufrechterhalten können, wenn sie miteinander in Kontakt bleiben. Ich besuchte kürzlich eine Gruppe ehemaliger Seminarteilnehmerinnen, die sich Salty Sisters nennt – Salzige Schwestern. Diese Frauen gingen am Ende des Retreats ganz instinktiv aufeinander zu, und ihre Geschichte hat etwas Inspirierendes.

Vor zwei Jahren nahm ich an einem Wochenende am Meer teil. Ich beschreibe diese Zeit oft als das einzig wichtige Ereignis in meinen mittlerweile neunundvierzig Lebensjahren, denn an diesen zwei Tagen habe ich mich selbst zur Welt gebracht. Zweiundzwanzig Fremde aus dem ganzen Land waren Zeugen meiner Geburt. Neun von diesen Frauen sind nun meine besten Freundinnen: die Salty Sisters.

Als das Wochenende vorüber war, wussten wir, dass wir in Kontakt bleiben würden, und so gelobten wir, uns mit dem Flugzeug oder Auto gegenseitig viermal im Jahr zu besuchen, um unsere persönliche Reise, die wir in Cape Cod begonnen hatten, fortzusetzen und unsere wilde, salzige Weiblichkeit zu fördern. Diese Treffen halfen mir, mich weiterhin auf die Verbesserung meines Lebens zu konzentrieren.

Das erste Mal kamen wir aus Weh und Leid und Kummer zusammen; und jetzt bleiben wir beieinander wegen unserer Hoffnungen, Fragen und Träume. Wir erforschen gemeinsam unsere Verbindungen zu Familie und Freunden, unsere Rolle im Leben und wie unsere Persönlichkeit funktioniert. Große Fragen wie »Was ist der Unterschied zwischen Verliebtheit und Liebe?« oder »Wie soll ich meine erwachsenen Kinder bemuttern?« lassen wir außen vor.

Wir beschäftigen uns mit unseren eigenen Schmerzen, Ängsten und Wünschen, wir zollen und gegenseitig Beifall, jubeln und weinen miteinander, wir hinterfragen vieles und suchen nach Sinn und Zweck. Und dabei bringen wir einander und unserem jeweiligen individuellen Selbst als Frau Wertschätzung entgegen. Unser Engagement füreinander ist enorm, denn schließlich engagieren wir uns so ja auch für uns selbst.
Viermal im Jahr, manchmal auch öfter, treffen wir uns in immer einer anderen Stadt oder auch in einem Ferienort. Wir mieten uns lieber ein Haus, als uns gegenseitig zu besuchen, da keine von uns die Gastgeberin spielen will. Wir verbringen die meiste Zeit einfach mit Reden, erzählen uns von unseren breiten, unterschiedlichen Erfahrungen und informieren uns über die Ereignisse, die uns betroffen gemacht haben. Es ist immer jemand da, der Rat oder Unterstützung anbietet – sei es nun auf emotionaler, spiritueller, medizinischer oder juristischer Ebene. Wir essen miteinander, fahren Rad und lesen. Wir halten uns dabei an keinen Zeitplan, und wir haben unseren Spaß.
Zwischen diesen Treffen senden wir uns ständig E-Mails. Jeden Morgen, wenn ich meinen Computer einschalte, stelle ich fest, dass eine von meinen Salty Sisters mir schon einen Guten-Morgen-Gruß geschickt hat. Wenn eine von uns eine Krise hat, jammern wir gemeinsam ganz laut und bieten so viel Hilfe, Rat und Gebete an, wie nur möglich. Obwohl wir in alle Winde zerstreut sind, habe ich immer das Gefühl, einer sehr engen, nahen und konstruktiven Gruppe anzugehören.
Ich habe festgestellt, dass diese Frauen die einzigen Menschen in meinem Leben sind, mit denen ich zusammen sein kann, ohne einmal eine Weile allein für mich sein zu wollen. Das kommt daher, weil wir einander in unsere

intimsten Geheimnisse eingeweiht haben und sie respektieren. Unsere Bindung beruht auf Gegenseitigkeit, auf Geben und Nehmen, auf absoluter Ehrlichkeit und Liebe. Wir ziehen uns zurück in unser Retreat, reparieren und regenerieren und lassen wieder los. Und wenn wir dann nach Hause zurückkehren, haben wir bei unserem Wiedereintritt Unterstützung. Die Salty Sisterhood ist ein Mittel, das mir hilft, meinen Weg in Richtung Selbstbefähigung, Wachstum und Selbstliebe weiterzugehen. Sie ist ein Medium, das mir hilft, mein Gleichgewicht, meine Konzentration und meine Klarheit aufrechtzuerhalten. Die Bindung der Salty Sisters geht weit über eine gute Freundschaft hinaus. Als Salty Sisters unterstützen wir einander darin, unser individuelles Bestreben, uns selbst zu fördern, in die Tat umsetzen zu können. Ich bin für all das mehr als nur dankbar.

Die Salty Sisters verbanden sich zu dem ausdrücklichen Zweck, sich gegenseitig Förderung zuteilwerden zu lassen. Unbewusst war ihnen klar, dass sie Hilfe brauchen würden, wenn sie wieder in ihr normales Leben eintraten – eine Art Korsage, um ihre neu gefundenen Intentionen und Wünsche zu stützen. Die Sicherheit und das Vertrauen, das sie bei ihrem Gegenüber empfinden, hatten den meisten ihrer früheren Freundschaften gefehlt; alte Gewohnheiten, überkommene Gespräche und Reaktionen waren ihrem neuen Wunsch nach Veränderung oft sogar hinderlich gewesen. Eine der Frauen erklärte mir kürzlich: »Egal wie widerstrebend jemand etwas der Gruppe mitteilt, ein Geheimnis, einen Rat in Sachen Sexualität, Gesundheitsthemen, Eheprobleme – es gibt keine Grenzen. Wenn wir zusammen sind, sind wir ganz wir selbst.«

Sich seine eigene Rettungsleine schaffen

Damit Sie Ihr Augenmerk auf Ihre immer neuen Ziele richten können und der Versuchung widerstehen, in Ihr überholtes Leben zurückzuverfallen, müssen auch Sie sich mit Frauen umgeben, die Sie unterstützen. Ziel einer jeden Frau, die ihr Leben wieder selbst in die Hand nehmen will, ist es, zu lernen, kreativer zu sein, ein Netz von Helfern aufzubauen, das ihr genug Sicherheit gibt, sich neuen Herausforderungen zu stellen, neue Abenteuer zu wagen und Form und Qualität ihrer eigenen Existenz weiterhin für sich zu definieren.

Die alten Griechen glaubten, dass durch ständigen Dialog und aufrichtige Kommunikation Freunde miteinander auf eine höhere Ebene der Wahrheit gelangen könnten, und vor allem Frauen kommen seit alten Zeiten zusammen, um zu tuscheln, sich mitzuteilen oder einander Trost zu spenden. So hatten Nähkränzchen früher nicht bloß die Funktion, ein Stück Stoff zusammenzunähen, sondern das Leben selbst zu flicken. Die Frauen unterhielten sich beim Nähen, erzählten sich von Freud und Leid und vermittelten einander ihre Weisheit, wobei sie sich halfen, die Einzelteile zusammenzufügen und die Nähte zu verstärken. Auch in unserer hektischen Zeit empfinden viele Frauen das Bedürfnis, sich zu verbinden und mitzuteilen. Wir tun das eben eher nebenbei – bei Elternabenden, auf der Damentoilette, beim Nordic Walking oder vor bzw. nach dem Literaturzirkel.

Die Salty Sisters hatten das Glück, dass sie sich bereits während des Wochenend-Retreats kennengelernt und Gefühle und Erfahrungen ausgetauscht hatten. Die meisten von Ihnen werden solch eine Gruppe allerdings allein gründen müssen. Aber an dieser Aufgabe muss man nicht verzweifeln. Gleichgesinnte Frauen ziehen einander magisch an. Sie müssen nur anfangen, einen Traum in die Tat umzusetzen, oder eine ersehnte Unternehmung ausprobieren, dann finden Sie plötzlich überall Seelenverwandte. Wie Phoebe, eine der Salty Sisters, meint:

Man muss einfach den Schmerz akzeptieren. Man muss praktisch ins kalte Wasser springen, damit einem klar wird, dass man mit seinem Kummer nicht alleine dasteht. Und man muss das Risiko eingehen, ihn offen zu zeigen, damit sich Gleichgesinnte einstellen. Im Sommer, bevor mein ältester Sohn aufs College kam, hatte ich beispielsweise furchtbaren Kummer – ein Gefühl einer gigantischen Leere. Das Einzige, was mir in der Situation einfiel, war, anderen Frauen, die sich so ähnlich fühlen mussten wie ich, einen Flyer zu schicken. Ich ging also das Schülerverzeichnis der Highschool durch und verschickte fünfzig Flugblätter. Es kamen vierunddreißig Frauen zu mir nach Hause – Frauen, die mich gar nicht kannten. Wir lachten, weinten und beklagten, was die Veränderungen zu Hause und im Leben allgemein für uns bedeuteten. Mittlerweile haben wir unserer Gruppe einen Namen gegeben – der MT-Club: My Time – Meine Zeit. Bei unserem Zusammensein wurde uns bald klar, dass es nicht mehr nur um unsere innere Leere ging, sondern dass Eigeninitiative angesagt war: Jetzt waren wir dran. Heute – rund zwei Jahre später – gehören zwanzig Frauen zum harten Kern unserer Gruppe. Wir treffen uns am dritten Donnerstag eines jeden Monats, einfach um es uns miteinander gutgehen zu lassen.

Es ist auch hilfreich, sich ein bestimmtes Thema zu suchen. Vor fünfzehn Jahren versammelte ich eine Gruppe ganz unterschiedlicher Frauen um mich, um gemeinsam das Buch »Women Who Run with the Wolves« von Clarissa Pinkola Estés zu studieren. Innerhalb von einem Jahr lasen wir also dieses Buch und sprachen über unsere geistigen, körperlichen, intellektuellen und emotionalen Fähigkeiten sowie über unsere Beziehungen. Wir weinten, lachten, brüllten und hörten zu. Als wir das Buch zu Ende gelesen hatten, setzten wir unsere Treffen fort. Wie bei den Salty Sisters oder dem MT-Club haben mir diese Frauen geholfen, alle Klippen in meinem Leben zu umschiffen. Sie unterstützen mich bei meinen Entscheidungen und Gefühlen, ohne ein Urteil zu fällen. Und was am Wichtigsten ist: Sie geben mir Auftrieb, weiterhin die fremdbestimmten Rollen und alle Erwartungen, die die Gesellschaft festlegt, zu hinterfragen. Gemeinsam haben wir unser Leben und unsere Familie verändert, denn, wie Margaret Mead einmal sagte: »Zweifelsohne vermag eine kleine Gruppe von nachdenklichen, engagierten Bürgern die Welt zu verändern – sie sind eigentlich sogar die Einzigen, die das je geschafft haben.« Sie erinnern sich gewiss.

In mehreren Schritten zur Rettungsleine

- Erkennen Sie, was genau Ihnen Kummer macht.
- Machen Sie sich klar, dass Sie nicht alleine sind.
- Gehen Sie ein Risiko ein und teilen Sie anderen Ihre Gefühle mit.
- Wählen Sie für Ihre Gruppe die passende Größe und Form.
- Verpflichten Sie sich, sich regelmäßig zu treffen.

Generativ sein und etwas weitergeben

Neben der notwendigen Pause, der Fähigkeit, ein Geheimnis zu bewahren, und der Unterstützung durch Gleichgesinnte und Seelenverwandte, die Sie aufbauen, ist es für einen erfolgreichen Wiedereintritt in den Alltag notwendig, eine Möglichkeit zu finden, generativ zu sein. Sie erinnern sich vielleicht, dass mich nach meinem Jahr am Meer eine paar Freundinnen besuchen kamen, die wissen wollten, welche Schritte ich befolgt hatte. Dank der aufmunternden Worte von Joan Erikson machte ich aus meinen Erfahrungen verschiedene Bücher. Jeder Titel, den ich schrieb, half mir, mit allem, was ich in Sachen Selbstförderung und Beachtung der inneren Stimme gelernt hatte, verbunden zu bleiben. Ich hatte einen Weg entdeckt, generativ zu sein – nämlich die Weisheit, die ich erlangt hatte, an andere weiterzugeben und immer mehr Frauen Mut zu machen, alles Unvollendete in ihrem Leben zu schätzen.

»Jeder soll des anderen Lehrer sein«, sagte Albert Schweitzer einmal, der die moderne Medizin im afrikanischen Busch bekannt machte; und Joan Erikson würde dieser Aussage mit Sicherheit zustimmen. »Die Wechselwirkung ist wirklich wichtig«, sagte sie immer wieder. »Wachstum und Veränderung kann es ohne zwischenmenschliches Engagement und Interaktion nicht geben. Die Einsamkeit ist zwar sicher der Ort, an dem alles zusammenströmt und schließlich für den Menschen einen Sinn ergibt. Doch nur indem wir unsere Erfahrungen leben und weitergeben, können neue Handlungsweisen und Einstellungen feste und tiefe Wurzeln schlagen.«

Es gibt viele Möglichkeiten, generativ zu sein. Einige der Frauen, die an einem meiner Retreats teilgenommen haben, sind nach Hause zurückgekehrt und haben mit ihren Freundinnen einen Literaturzirkel gegründet; gemeinsam haben sie dann Bücher gelesen, die ihnen Mut machen, über beständiges Wachstum zu diskutieren. Andere sind zu weiteren Wochenenden in Begleitung ihrer Töchter oder Nichten gekommen. Ich habe eine Möglichkeit gefunden, generativ zu sein und jenseits meiner Bücher Frauen eine Mentorin zu sein, indem ich an einer hiesigen Wohltätigkeitsveranstaltung teilnahm, die Frauen in einer Krisensituation finanzielle und therapeutische Hilfe bietet. Wie Toni Morrison einmal sagte: »Wer selbst Fähigkeiten hat, muss andere befähigen.«

Diesen Aspekt ihres Lebens betreffend war Joan wirklich erstaunlich. Sie erteilte nie per se Ratschläge. Sie verströmte einfach eine solche Energie, dass es ansteckend war. Man konnte sich in ihrer Gegenwart schlichtweg nicht in sein Schneckenhaus verkriechen – alle wollten so aktiv und engagiert sein wie sie. Bis zu ihrem Tode führte sie ein vitales Leben, war eine Suchende, eine Schaffende und unterstützte alles, woran sie glaubte. Darüber hinaus tat sie das auf eine spielerische Weise und mit Würde zugleich. Sie war stolz, eine »Ent-Wachsene« zu sein, und umgab sich stets mit Menschen, die dreißig oder vierzig Jahre jünger waren als sie, weil sie ihr eine neue Perspektive vermittelten – einen neuen Bissen, an dem sie zu kauen hatte.

Sie brauchen nichts Spezielles; achten Sie einfach nur darauf, Engagement und Begeisterungsfähigkeit an den Tag zu legen. Bei Ihren verschiedenen Abenteuern kommen Sie dann plötzlich an einen Punkt, da Sie wirklich mutig und nicht mehr verzweifelt sind. Und diesen Mut sehen dann andere. Wenn Sie am wenigsten damit rechnen, geben Ihre Energie und Ihre Lebensgeister jemand anderem einen Anstoß – Sie sind zu einer Inspiration geworden. Das Streben nach einem authentischen Leben ist ebenso mühevoll wie lohnend, aber keinen Pfifferling wert, wenn Sie nichts von alldem an andere weitergeben.

»Solange Leben möglich ist, klammer dich dran, schöpfe aus dem Vollen, bleib am Ball!« Das war Joans Forderung, die ich Ihnen nun weitervererbe. Wenn der Ruf kommt, reagieren Sie. Wenn sich eine Tür öffnet – selbst unerwartet –, überqueren Sie die Schwelle. Sie werden nur zur Heldin Ihrer eigenen

Geschichte, wenn Sie gewillt sind, ein Risiko einzugehen – Ihre Reise fortzusetzen, zu glauben, dass ein Wagnis machbar ist. Dieses Buch kann nicht alle Antworten liefern, doch es wurde in der Überzeugung geschrieben, dass Sie Ihrer Aufgabe gerecht werden können. Machen Sie sich klar, dass Sie auf Ihrem Weg Unmengen an Zeichen bekommen – nämlich solche wie Hoffnung, Mut und Zuversicht.

Kürzlich wurde ich bei einem Ultramarathon Zeuge, wie eine achtundsechzig Jahre alte Dame die Ziellinie überschritt. Als ich sie fragte, weshalb sie an diesem hundert Meilen langen Rennen teilnehme, sagte sie: »Weil ich eine Frau bin und weil Frauen belastbar sind. Meine Botschaft lautet, dass die Belastbarkeit einer Frau grenzenlos ist.« Wir alle nehmen an Belastungsproben teil – beim Lauf unseres Lebens. Aber ich glaube auch, dass wir an einem Staffellauf teilnehmen – wir alle tragen unsere einzigartige Fackel in der Hoffnung, sie eines Tages an eine andere Hand vor uns zu weiterzugeben, nämlich an die Frau, die mit Gelassenheit bereit ist, ihre Staffel des Lebens zu laufen. Ihr Glas ist nicht halbleer, es ist halbvoll. Es stellt sich nun also folgende Frage: Wie können Sie Ihr Glas weiterhin auffüllen – wie können Sie Ihren Lebenszyklus ausfüllen?

Sobald Sie zu sich selbst gefunden haben, gibt es kein Zurück mehr. Turnusmäßige Rückzüge, Rückgewinnung, Reparatur, Regruppierung, Regeneration und Rückkehr samt dem Wiedereintritt helfen Ihnen, auf Kurs zu bleiben. Darüber hinaus werden Sie nie mehr die Alte sein. Die Gründe?

- Sie haben zu viel Neues kennengelernt.
- Sie haben erkannt, wie einsam es Sie macht, mit sich selbst nicht eins zu sein.
- Sie haben gelernt, an Ihrer Rolle als Heldin Freude zu haben.

- Sie haben sich die nötige Zeit für Ihren Wandel genommen – Trauerarbeit geleistet und losgelassen.
- Sie haben über Ihre Rolle hinaus zu Ihrem wirklichen Selbst gefunden.
- Sie haben sich in Ihren unkonventionellen Lebensstil verliebt.

Wie meine Yogalehrerin am Ende jeder Stunde sagt:

> *Namaste. Ich ehre das Göttliche in dir, das ich in mir ebenfalls ehre, und ich weiß, dass wir eins sind.*

Abschließende Zusammenfassung des Kapitels

- Legen Sie eine Pause ein.
- Machen Sie aus einigen Ihrer Intentionen ein Geheimnis.
- Organisieren Sie eine Gruppe Suchender.
- Seien Sie generativ.
- Geben Sie die Fackel weiter.

Nachwort: Die einzelnen Punkte verbinden

»Jeder Augenblick ist von unendlichem Wert.« GOETHE

Viele Frauen finden, dass ich Mut habe, und es hat mir sehr lange Zeit enorme Schwierigkeiten bereitet, dieses Kompliment auch anzunehmen. Sie sagten, dass es mutig von mir war, Stellung zu beziehen, dass es mutig war, davonzurennen, dass es mutig war, allein zu leben, dass es mutig war, mein unschönes Leben zu hinterfragen, dass es mutig war, darüber ein Buch zu schreiben. Für mich ist jemand mutig, der an einer tödlichen Krankheit leidet, der sich einem untreuen Gatten entgegensetzt oder nach irgendeiner Naturkatastrophe Wiederaufbau leistet. Nichts, was ich je getan habe, reicht an diese Art Mut heran. Wenn mich jemand als mutig bezeichnet hat, tat ich das schnellstens bescheiden ab.

Aber dann, eines Tages, sagte ich mir schließlich: »Ja, stimmt. Man kann wohl wirklich sagen, dass da ein Tick Mut mit im Spiel war, als ich mein Leben umorganisiert habe und als ich zu meinen impulsiven Worten stand, obwohl ich keine Ahnung hatte, was nach der Trennung werden würde.« Damals empfand ich mit Sicherheit mehr den Mut der Verzweiflung als echte Courage. Ich reagierte vorschnell, weil ich es einfach nicht mehr zulassen wollte, dass meine Tage so dahinplätscherten. Ich brauchte einen neuen Ansatz. Und auch wenn es für viele so ausgesehen hat, als würde ich davonrennen, hatte ich doch das Gefühl, mit zig Möglichkeiten schwanger zu gehen, und ich hatte das Bedürfnis, meine versteckten Potenziale zur Welt zu bringen. Ein impulsiver Moment, ein Moment, wenn man auf seine innere Stimme hört, ein einziger Augenblick kann das Leben verändern – diese Erfahrung habe ich jedenfalls gemacht.

Vielleicht war es ja ein Glück, dass ein einschneidendes Erlebnis dann eine Initialzündung bei mir auslöste. Als mir mein Mann seine Pläne verkündete, wusste ich jedenfalls sofort, was ich brauchte. Dem »Chef« zu folgen war schlichtweg keine Lösung mehr. Ich wollte meine Eigenständigkeit, meine Authentizität, mein Selbst wiederhaben. Augenblicklich war mir klar, dass ich jetzt an der Reihe war – dass ich dran war, mich für mein eigenes Leben zu engagieren, wieder zu einem Individuum zu werden, obwohl ich das irgendwie ja bereits getan hatte, als ich mein Elternhaus verlassen hatte, und noch einmal, als meine Söhne aus dem Haus gegangen waren. Es ist eigentlich witzig, wie wir gegen Veränderungen ankämpfen und uns an unsere geschätzten Ansichten und Gewohnheiten klammern, anstatt uns in die Ungewissheit der Herausforderungen und Abenteuer zu stürzen, die vor uns liegen. Zu handeln fällt kaum jemandem leicht. Aber wie M. Scott Peck es einmal formulierte: »Die Auseinandersetzung mit seinen Problemen und ihre Lösung, dieser Prozess gibt dem Leben Sinn. Das Leben ist schwierig, aber nur indem man seine Herausforderungen meistert, dringt man zum eigentlichen Sinn vor.« Ich begann mein Leben in genau dem Augenblick zu verändern, als ich mich von Problemen umgeben sah und impulsiv und wagemutig beschloss, anders zu handeln. So mutig können Frauen wahrhaftig sein!

In welcher Hinsicht habe ich mich nun also neun Jahre später verändert? Zum einen weiß ich jetzt, dass ich Bestandteil meines Dilemmas bin. Die Lösung meiner Probleme ist nicht, ihnen aus dem Weg zu gehen oder einem bestimmten Konzept entsprechend zu reagieren. Ich brauche genug Selbstvertrauen, genug Selbstachtung, genug Mut, um es mit jeder Herausforderung aufzunehmen und eine passende Lösung zu finden. Ich muss darauf vertrauen, dass das Hier und Jetzt mich anleitet, indem ich auf meine Gefühle und Wünsche höre, egal worum es sich handelt. Ich muss meine Träume in die Tat umsetzen, damit ich andere ermuntern kann, auch die ihren zu realisieren. Keine geringen Ziele, keines davon. Aber ich bin wild entschlossen – ich bin eine Frau – ich bin unbesiegbar; so lautet jedenfalls der Text eines Popsongs.

Meine neue Einstellung lässt sich in einem Zitat von Goethe umreißen; es steht auf einem Kaffeebecher, aus dem ich jeden Morgen meinen Kaffee trinke: »Jeder Augenblick ist von unendlichem Wert.« Mein Leben veränderte sich, als ich lernte, mich auf die kleinen Momente zu konzentrieren. Während dieser kleinen Momente – nicht während der großen – lerne ich am meisten. Kleine Momente beinhalten all die Weisheit, all die Wahrheit und all das Vergnügen, das ich brauche, um zu wachsen. Und wenn ich meine Aufmerksamkeit auf diese kleinen, schlichten Momente konzentriere, kann ich alle Stimmen herausfiltern, die mich drängen, dieses oder jenes zu tun. Sammeln Sie kleine Momente.

Letzten Sommer lehrten mich die Kinder von meinem ältesten Sohn, wie bedeutsam Goethes Gedanke ist, als sie sich jeden Morgen in aller Frühe in unser Bett stürzten – mit feuchten Füßen, weil sie von ihrem Cottage über den vom Tau nassen Rasen zu dem unseren gerannt waren. Gerade dieser Sommer damals war einer der wenigen, die wirklich perfekt waren – genau die richtige Anzahl von Verwandten und Gästen, milde Tage und kühle Nächte, schöne Stunden mit Freundinnen und Enkeln, die zwar noch sehr klein waren, aber doch schon an unseren Unternehmungen teilhaben konnten. Unsere Tage begannen in der Regel, indem drei meiner fünf Enkel sich zu uns unter die Daunendecke kuschelten und unbedingt eine Geschichte erzählt oder etwas vorgelesen bekommen wollten. Robin und ich hatten unsere Freude an unseren Gesprächen und an den Fragen, die sich ganz zwangsläufig einstellten. Wenn wir dann Carson seine Lieblingsstory über Jackie Robinson, der als erster Schwarzer das Baseballspiel revolutionierte, vorgelesen hatten, Logans Fragen beantwortet hatten, warum in unserem Hof hinten eine Fuchsfamilie wohne und wie weit weg die Kojoten seien, die in der Nacht heulten, und auch noch Tully unter den Armen und an den Knien gekitzelt hatten, dann warfen wir einen Blick aus dem Fenster, um zu sehen, wie das Wetter ist, und überlegten, wie wir den Tag gestalten wollten. Wolken bedeuteten zum Fischen gehen, Minigolf spielen oder eine Radtour unternehmen. Sonne bedeutete Strand, wobei das Thema Strand dann beim Frühstück meist eine lebhafte Diskussion auslöste, ob wir den Karren beladen und an den Strand nur wenige Schritte vom Cottage entfernt gehen sollten oder lieber mit einem Picknick als Mittagessen ausgestattet mit dem Boot zum wilden South Beach fahren sollten. Bei Wind ließen wir manchmal einen Drachen steigen, und wenn es regnerisch war, machten wir ein Puzzlespiel oder backten einen Apfelkuchen.

Im Bett mit meinen Enkeln hatte ich keine andere Wahl, als jeden Tag mit Liebe, Lachen und der überschäumenden Begeisterung, die Kinder allem Neuen entgegenbringen, zu begrüßen. Selbst jetzt, lange nachdem dieser Sommer vorüber ist, hat der Wunsch unserer Enkel, sich ohne Wenn und Aber in einen neuen Tag zu stürzen, etwas Erfrischendes. Und ich werde ständig erinnert an die Socke, die ich im Trockner vergessen hatte, an die Schaufel, die jemand ins Blumenbeet geworfen hatte, an die halb aufgegessenen Lutscher, die in der Eile auf dem Kühlschrankregal landeten – all das erinnert mich daran, der Sonne oder dem Wind zu folgen, den Regen willkommen zu heißen wie auch den blauen Himmel, jeden Moment zu leben, als gäbe es nichts Wichtigeres als genau diesen einen Tag. »Und wenn ihr nicht werdet wie die Kinder«, steht es in der Bibel geschrieben. Und so haben diese kleinen Jungs mich dazu gebracht, jeden Tag zu ergreifen und mein Leben mit seelenvollen Momenten zu erfüllen, die schließlich die einzig wichtigen sind.

Es heißt, dass man Langeweile nicht besiegt, indem man seinen Körper bewegt, sondern indem man seine Seele bewegt. Und in diesem Sinn sagte der römische Schriftsteller Apuleius: »Nur wer seine Seele kultiviert, lebt richtig.« Um das zu tun, müssen Sie Ihr Leben so gestalten beziehungsweise umgestalten, dass es von Authentizität und Tiefe bestimmt wird. Sie müssen befriedigende Gespräche führen, wirkliche Verbindungen eingehen, ergreifende Musik hören und viel Zeit mit unschuldigen Kindern verbringen. Seelenvolle Momente treiben uns die Tränen in die Augen, erwischen uns kalt, lassen uns nach Luft schnappen und Wärme durch die Adern pulsieren.

Ich erinnere mich noch gut an die Hochzeit von meinem jüngeren Sohn. Seine Verlobte war von Beruf Schauspielerin, und es war uns allen klar, dass diese Hochzeit der Auftritt ihres Lebens werden würde. Beide hatten ihr Gelöbnis gelernt, ihre Tänze geprobt und ihre Kleidung gestylt. Aber als der Augenblick gekommen war und der Pfarrer ihr das Stichwort zuflüsterte, wendete sie sich ihrem Bräutigam zu, sah ihm tief in die Augen und stammelte ein zittriges: »Ich, Susannah Kavanaugh«, bevor die Tränen ihre wohleinstudierte Gelassenheit zunichtemachten. Unter Schluchzen offenbarte sich die heilige Wahrheit – die Hochzeitszeremonie verwandelte sich in ein richtiges Happening, und alle wurden Zeuge der greifbaren Leidenschaft und offenkundigen Liebe.

Ich hatte mich doppelt glücklich geschätzt, als sich die Familie ein paar Tage vor dem Ereignis bei uns zu Hause versammelt hatte, um auf den großen Tag zu warten. Ich hegte die Vorstellung, dass es bedeutsam sei, meinen beiden Söhnen und meiner Schwiegertochter einen Segen zuteilwerden zu lassen, denn Luke stand kurz vor der Ehe, und Andy und Shelly bereiteten sich auf eine lange, gefährliche Radtour vor. Ein kleines Gebet am Anfang würde sicher nicht schaden. Meine Kirche bot am Mittwochmorgen einen Gottesdienst an, und ich bat die Kinder teilzunehmen. Sie murrten und weigerten sich. Der Gottesdienst war zu früh, es war zu kalt, und sie wollten Kaffee trinken und die Zeitung lesen, bevor sie sich mit den anderen austauschten. Schließlich gewann ich doch die Oberhand – eine Mutter hat eben so ihre Tricks – und wir zogen bei Morgengrauen los.

Wie wir so im Kreis dastanden und in der morgendlichen Kälte zitterten, die Altarkerzen flackerten und wir von Fremden umgeben waren, ging mir plötzlich durch den Kopf, was ich angestellt hatte. Aber dann reichte ich meiner Schwiegertochter den Kelch mit Wein, und sie reichte ihn an ihren Mann weiter, und er gab ihn dann seinem Bruder. Durch dieses einfache Ritual, das sich jenseits unseres üblichen Tagesablaufs abspielte, traten wir miteinander in Verbindung und würdigten die Heiligkeit unseres Lebens, unsere Entscheidungen und unsere Bemühungen.

Drei Tage später, als Susannah ihre versammelte Familie und Freunde mit in die Liebe einbezog, die sie und Luke füreinander empfanden, spürte ich wieder diese heilige, seelenvolle Verbindung mit den Menschen um mich herum. Ein ganzes Leben lässt sich um solche Schlüsselmomente aufbauen, und ich weiß, dass nichts einen höheren Wert hat, als sich um seine Seele zu kümmern. Denn wenn wir uns um unsere Seele kümmern, anstatt mit unserer Rolle konform zu gehen, erkennen wir, dass nichts solchen Wert hat wie Sein und Selbst.

Vor meinem Jahr am Meer hatte ich das Gefühl, bloß noch aus Rollen zu bestehen, die ich spielte, und ich konnte nicht akzeptieren oder schätzen, wer ich wirklich war. Ich hatte nicht den richtigen Körper, nicht das richtige Gesicht, nicht den richtigen Verstand und schon gar nicht die richtige Einstellung. Während ich mit dem Auto in der Vorstadt herumfuhr und mich durch meine lange Liste an Einkäufen kämpfte, versuchte, die anderen Menschen in meinem Leben zufriedenzustellen, und da ich meine Tage mit Taten und nicht mit Sein füllte, wollte ich mich ständig selbst überzeugen, dass ich mehr wert war, als ich meinte. »Ich bin gut«, brüllte ich dann immer und drosch auf das Lenkrad ein, um meiner Aussage mehr Nachdruck zu verleihen. »Verdammt noch mal, ich bin gut!« Aber wie laut ich auch brüllte, weder mein Selbstbild noch mein Selbstwertgefühl veränderten sich. Ich lernte erst, mich zu akzeptieren – nicht nur mein Aussehen, sondern meine ureigensten Gedanken, mein Mitgefühl, mein Verhalten –, als ich anfing, mich um die Qualität eines jeden Tages zu kümmern. Indem ich an den sechs *R*s, die ich in diesem Buch beschrieben habe, arbeite – *Rückzug, Reparatur, Rückgewinnung, Regruppierung, Regeneration und Rückkehr* –, bin ich in der Lage, mich nach innen zu wenden und jeder bedeutsamen Erfahrung den Stellenwert zu verleihen, der ihr gebührt.

Vor ein paar Jahren musste ich mich mit der Karriere meines älteren Sohnes als Läufer auseinandersetzen – ein Thema, das mir Angst machte. Ich wollte unbedingt einen Weg finden, seine Leidenschaft für Hundert-Meilen-Rennen durch Berge und Wüsten zu verstehen. Ich wollte fähig sein, seinen Bemühungen Beifall zu zollen, obwohl ich den Sport für narzisstisch hielt, für eine Sucht und schlichtweg für ungesund. Eines Tages im Sommer, als wir nicht gerade gut miteinander zurechtkamen, ließ er eine auf mich gemünzte Bemerkung fallen: »Wenn du wissen willst, wer ich bin, Mom, dann solltest du zu einem von meinen Läufen kommen.« Aha, dachte ich mir. *Nichts ist so wichtig, wie andere zu akzeptieren.* Ich flog also quer durch Amerika, um mir den Western Endurance Run im Norden von Kalifornien anzuschauen. Ich half Shelly, sämtliche Lebensmittel einzukaufen und das Auto vollzupacken. Als wir an unserem Campingplatz ankamen, ging ich den Kindern beim Aufstellen der Zelte zur Hand, in denen wir während des Laufes übernachten wollten.

Andy war einen Tag früher gefahren, um sich ins Rennen zu stürzen, und ich würde ihn erst sehen, wenn er schon fünfundzwanzig Kilometer zurückgelegt hatte. Als er dann auftauchte – er rannte durch die Redwood-Wälder – und aussah, als sei er gerade einmal um den Block gelaufen, hastete ich ihm entgegen. »Mom, du bist ja wirklich gekommen«, sagte er, wobei er mir die Hand entgegenstreckte, ohne sein Tempo zu drosseln. Wir rannten gemeinsam einen Hügel hinunter bis zur nächsten Station – und genau in dem Moment ließen meine Ängste nach. Es war offensichtlich, dass er aus diesem Sport eine Wissenschaft machte und ganz genau wusste, was sein Körper und seine Seele auszuhalten hatten. »Gerade weil es so hart ist, ist es ja so toll«, hatte er immer gesagt. Und nun, da ich das kurze Stück mit ihm gerannt war und gesehen hatte, wie er seinen gesamten Erfahrungsschatz zu nutzen wusste – ganz zu schweigen, dass ich ihn als Zweiten über die Ziellinie hatte laufen sehen –, schien mir seine Aussage umso zutreffender. Doch was ich eigentlich aus dieser Erfahrung gelernt hatte, war Akzeptanz – seinen Wunsch zu akzeptieren, dass er für solche Veranstaltungen trainieren und an ihnen teilnehmen wollte, und darauf zu vertrauen, dass er als junger erwachsener Mann dabei schon die entsprechende Vorsicht und Überlegung walten lassen würde.

In den vergangenen acht Jahren musste ich mit meiner Mutter und meinen Mann oft ähnliche Kämpfe austragen. Wir alle waren gezwungen, ziemliche Anpassungsleistungen zu erbringen, als Robin und ich die nächste Phase unseres Lebens ins Auge fassten und sich der Gesundheitszustand von Mom allmählich verschlechterte. Doch bei alldem wiederhole ich mir immer wieder: *Nichts ist so wertvoll wie meine Beziehungen zu meinen Freunden und meiner Familie.* Meine Mutter hat Hilfe und Unterstützung aus vielerlei Gründen verdient, was letztlich mein Sohn Luke sehr schön formulierte, als ich mich einmal beklagte, dass der Pflegeaufwand schon enorm sei. »Mom, Großmutter hat sich ihr ganzes Leben um dich gekümmert, und somit hat sie es verdient, dass sich jetzt jemand um sie kümmert.« Sein bedeutungsschwerer Kommentar bereitete meinem Gejammer ein Ende; das Gleiche bewirkte auch ein sanfter Hinweis einer Freundin, wie glücklich ich mich schätzen dürfe, noch eine Mutter zu haben. »Ich würde mir nichts mehr wünschen, als hin und wieder zum Telefon greifen zu können, um mit meiner Mom zu reden«, sagte meine Freundin. »Ein kleiner weiser Ratschlag meinerseits: Du solltest ihr immer, wenn du sie siehst, einen Kuss geben. Und während du das tust, denk dran, wie gut sie riecht.«

Wenn ich jetzt Zeit mit meiner Mom verbringe, achte ich darauf, präsent und konzentriert zu sein – dass ich richtig zuhöre, aufmerksam bin und ihr Fragen stelle. Erst gestern zeigte sie mir einen eigenwilligen Aspekt meiner Persönlichkeit auf, indem sie eine Verbindung zwischen meinem Engagement bei der Arbeit und einer Tante, einer Großmutter und einer Urgroßmutter herstellte. Sie hatte gewollt, dass ich ein Sonntagskind werde, an einem Tag der Ruhe das Licht der Welt erblicke. Aber ich kam am Montag und schien von klein auf meine Freude daran zu haben, die Ärmel hochzukrempeln und mich ans Werk zu machen – wie alle Frauen, wenn sie sich am Montag mit einem Stapel schmutziger Wäsche konfrontiert sehen. Was meine Mutter sagte, erfüllte mich sogleich mit Geschichtssinn und neuer Kraft. Auch wenn es mich oft frustriert, dass ihr das Kurzzeitgedächtnis den Dienst versagt, hat sie doch viele Geschichten über die Vergangenheit auf Lager und hilft mir nur zu gern, sie mit meiner Zukunft in Verbindung zu bringen.

Was meinen Mann angeht: Er hat hart gearbeitet, so dass er nun weiß, wer er ist. Welch ein Vergnügen, mit einem Mann zu leben, der sein Pensum geschafft hat und als neuer Mensch daraus hervorgegangen ist! Gemeinsam haben wir uns durch Veränderungen gekämpft – Veränderungen im Beruf, finanzielle Belange, Familienstand, gesundheitliche Probleme – und letztendlich sind wir nun zwei Individuen geworden, die sich im Wesentlichen neu geschaffen haben, wenngleich wir eine gemeinsame Geschichte haben. Manchmal, wenn ich ihn so über den Essenstisch hinweg anschaue, bin ich erstaunt und spüre, dass ich ihn wirklich mag! Mir gefällt, wie er die Normen außer Acht gelassen hat und seinem eigenen Herzen gefolgt ist, wie er etwas zurückgeben will, wie er etwas Besonderes tun will, einen neuen Weg prägen will. Mit diesem Mann alt zu werden hat etwas Faszinierendes, es ist interessant und mit Sicherheit ein Glücksfall. »Die Größe des Menschen ist, sich über sich selbst zu erheben, nicht seine Ziele«, sagt Emerson, und das gilt auch für uns. Wachstumsschübe treten ein, wenn wir am wenigsten mit ihnen rechnen. Aber wie schön, dass es sie überhaupt gibt!

Was mich veranlasst zu sagen, dass *nichts so wertvoll ist wie sinnvolle Arbeit.* In unserem Stadium des Lebens hat Arbeit vor allem mit Feinabstimmung zu tun – sich Erfahrungen aus der Vergangenheit zunutze zu machen, um in der Zeit, die uns noch bleibt, etwas Sinnvolles zu leisten. Ich war überaus überrascht, als eine Leserin während einer meiner Buchpräsentationen aufstand und sagte: »Ich finde es wirklich interessant, wie Sie aus Ihrem Leben eine Berufung gemacht haben.« Im ersten Moment dachte ich, dass ich nichts weiter tue, als meine Geschichte anhand meiner Memoiren – einem literarischen Genre – zu erzählen. Aber als ich dann später nach Hause kam und den Begriff »Berufung« im Wörterbuch nachschlug, erkannte ich, wie recht diese Dame doch hatte. Eine Berufung ist eine Neigung – eine Beschäftigung, für die jemand in besonderem Maße geeignet ist, ein Unternehmen, das sich aus einem Ruf ergibt. Wer sein Selbst ernst nimmt, seine Interessen erkundet, nach Weisheit strebt und sich mit Gleichgesinnten umgibt, wird feststellen, dass sich ganz zwangsläufig eine Berufung einstellt.

Und schließlich habe ich die Erfahrung gemacht, dass *nichts so wertvoll für mich ist wie meine eigene Gesellschaft*. Erwiesenermaßen ist es für mich wertvoller, mich in meinen heiligen Freiraum zurückzuziehen und mich um meinen Verstand und meinen Geist zu kümmern, als den Massen zu Gefallen zu sein; in dieser Hinsicht hatte die Schriftstellerin Virginia Woolf wirklich recht. Denn in diesem Freiraum, in den Momenten, wenn ich mich in eine verträumte Muße sinken lasse, kann ich üben, wirklich ich selbst zu sein. Dann kommt es mir vor, als wäre ich in eine neue Epoche getreten – die Epoche der Wieder-Verzauberung. Denn dann blühe ich ob der Entdeckungen, Abwechslung, Vielfalt und Spontaneität auf, und die meisten Tage sind selbstbestimmt und nicht vorprogrammiert durch Einladungen und Verpflichtungen; sie gestalten sich vielmehr durch Impulse, zufällige Begegnungen, Ad-hoc-Entscheidungen, Mut und neue Abenteuer – eines nach dem anderen.

Wie Emerson sagte: »Was hinter uns liegt und was vor uns liegt ist geringfügig im Vergleich zu dem, was in uns liegt.« Allein mit mir weiß ich jetzt fast immer, was in meinem Leben klappt und was nicht, was heilig ist und somit wichtig, und was irrelevant ist. Man könnte es wohl so formulieren: Meine Seelenforschung hat mich nach Hause zu einem behaglichen Plätzchen in meiner eigenen Existenz geführt.

Kurzprogramm für ein Wochenende, das Ihr Leben verändert

Dieses Programm lässt sich individuell oder in einer Frauengruppe durchführen.

Vor dem Retreat

Nachdem Sie das Kapitel »Aufwachen, Schwester, jetzt bist du dran« gelesen haben und die erste Kalenderübung auf Seite 39 ff. durchgeführt haben, planen Sie Ihre Flucht. Wählen Sie einen günstigen Zeitpunkt, um wegzugehen, und suchen Sie sich einen passenden Ort. Egal ob es nun ein Campingplatz, ein Landhaus, eine Pension oder ein Gasthof ist, es sollte sich ein Wald, Strand, Nationalpark oder dergleichen in der Nähe befinden – ein Ort also, an dem sich ein bedeutsames Soloabenteuer erleben lässt.

Fahren Sie möglichst am Donnerstag los, um die eigentliche Reise hinter sich zu bringen. Nutzen Sie den Abend, um sich einzurichten – um Lebensmittel einzukaufen (wenn nötig), um es sich in der neuen Umgebung gemütlich zu machen und um dann die Tatsache zu würdigen, dass Sie diesen Schritt wirklich gewagt haben und weggegangen sind. Wann war das zuletzt der Fall? War es überhaupt schon einmal der Fall?

Freitagmorgen (Retreat)

Dieser Tag soll der Innenschau dienen; es ist ein Tag, an dem Sie einen Blick zurück werfen, bevor Sie dann voranschreiten. Lesen Sie das Kapitel »Individualität beginnt mit dem Weggehen« und erkunden Sie anschließend Ihre unmittelbare Umgebung. Halten Sie nach Ihrem speziellen Ort Ausschau – einer Stelle, die Sie anspricht, einem Flecken Erde, der etwas Einladendes und Beruhigendes hat und an den Sie an dem Wochenende immer wieder gern zurückkommen wollen, um sich zu regruppieren und zu Ihrer Mitte zu finden. Es könnte eine Bank unter einem Baum sein, ein Aussichtspunkt, eine Düne oder ein Baumstamm neben einem plätschernden Bach. Hier können Sie *still* sein und *lauschen* – hier führen Sie Tagebuch und kommen mit Ihren Sinnen in Kontakt. Sobald Sie Ihren Platz gefunden, ja erspürt haben, studieren Sie Ihren Aufenthaltsort. Achten Sie auf alles, was dieses Fleckchen Erde charakterisiert; machen Sie sich mit Ihrem Ort vertraut, so dass er zu Ihrer Zufluchtstätte wird.

Nehmen Sie sich jetzt Zeit, um Ihren *Schmerz* zu erkennen – was es bedeutet, ausgebrannt zu sein. Machen Sie sich klar, dass Sie sich im Prozess des Kraftschöpfens befinden; doch zuerst müssen Sie noch verstehen, was Sie suchen, wonach Sie sich sehnen, was Sie aus Ihrem Leben streichen wollen und wovon Sie mehr benötigen. Lassen Sie sich den Fragebogen auf Seite 59 f. durch den Kopf gehen. Sobald Sie die Fragen beantwortet haben, verstehen Sie besser, weshalb Sie sich zurückziehen müssen.

Halten Sie Ihre Gedanken in Ihrem Tagebuch fest, wobei Sie die folgenden drei Sätze als Anfang verwenden:

- »Ich bin genügend in die Irre gegangen, um mich zu finden.«

- »Eine Veränderung tritt ein, sobald wir aufhören, ein Leben zu führen, wie andere es von uns erwarten.«
- »Es gibt nichts Höheres als die Berufung, aus seinem alten Selbst ein neues Wesen zu schaffen.«

Freitagnachmittag und Abend (Rückgewinnung)

Lesen Sie das nächste Kapitel mit dem Titel »Sich wieder zusammensetzen, Stück für Stück«. Verwenden Sie einige Zeit auf die Schnappschuss-Übung, die Logik der Lebensphasen und die Farben Ihres Lebens von Seite 91 bis 98. Reflektieren Sie anschließend über die Aussage von Oprah Winfrey: »Ich habe gelernt, mich auf die Stärken zu verlassen, die ich von allen meinen Vorfahren geerbt habe ... den Großmüttern, Schwestern, Tanten und Brüdern, deren Lebensmut durch unvorstellbare Notlagen auf die Probe gestellt wurde, die aber dennoch überlebt haben.«
Wenn Sie mit Freundinnen zusammen sind, teilen Sie ihnen mit, was Sie von den verschiedenen Verwandten halten. Schreiben Sie die Eigenschaften nieder, die sie auszeichneten und die Sie gern an sich selbst zutage fördern würden. Suchen Sie nach Ihren robusten Wurzeln und frönen Sie am Ende des Abends Ihren neu entdeckten »familiären Fähigkeiten«.

Samstag (Reparatur)

Lesen Sie das Kapitel »Die Stille mehren, die Stimmen reduzieren«.
Nach einem herzhaften Frühstück machen Sie sich auf zu Ihrem drei- bis vierstündigen Soloabenteuer. Nehmen Sie so wichtige Sachen wie Wasser, Snacks und Ihr Tagebuch mit –

alles, was Sie vermutlich an diesem Tag brauchen, damit Sie nicht vorzeitig umkehren müssen.
Lesen Sie vor dem Losgehen die Fragen unter »Sich die Last erleichtern« auf Seite 117f., um sich von psychischem Ballast und negativen Stimmen zu befreien. Das ist der Tag, an dem Sie wieder Bekanntschaft mit sich selbst schließen, um sich nach innen zu wenden, um in Ihrer Mitte zu ruhen, um sich auf Ihr Selbst zu konzentrieren und zu hören, was Ihr Herz Ihnen zu sagen hat. Unterwegs zu Ihrem Ort in der freien Natur denken Sie über Folgendes nach:

- »Machen Sie die Stille zu Ihrer Freundin.«
- »Die Natur lehrt uns die Würde des Seins.«
- »Nachhaltige Botschaften sind an Orten verfügbar, wo Zwist häufiger ist als Frieden, wo Unbeständigkeit herrscht, denn alles Lebendige unterliegt Veränderungen und der Auslöschung.«

Sobald Sie draußen in der Natur sind, erkunden Sie die Umgebung und spüren Sie Ihrer Seelenverwandtschaft zu dem von Ihnen gewählten Ambiente nach. Jetzt ist die Zeit gekommen, um Dampf abzulassen, um die eigenen Grenzen zu ergründen und an Orte zu gehen, wohin Sie sich vielleicht noch nie gewagt haben. Wenn ein Berg auffindbar ist, den man erklimmen kann, erklimmen Sie ihn. Wenn ein Fluss vorhanden ist, den man durchqueren kann, durchqueren Sie ihn. Wenn Sie Lust haben, nackt im Meer oder in einem Teich zu schwimmen, dann tun Sie das jetzt. Fordern Sie nicht nur Ihren Verstand, sondern auch Ihren Körper heraus. Verlassen Sie Ihren Kopf und gehen Sie in Ihren Körper hinein und seien Sie so aktiv, wie nur irgend möglich. Geben Sie sich wieder wie ein Kind oder ein wagemutiger Teenager – was Sie wollen, aber seien Sie nicht die vorsichtige Frau, die Sie momen-

tan sind. Sie können ruhig weinen, schreien, lachen, albern sein – und dabei die Trauerarbeit leisten, die unwillkürlich mit einer jeden Veränderung einhergeht.
Achten Sie dabei auf Zeichen in der Natur, die Ihr Leben widerspiegeln. Schreiben Sie Ihre Gedanken nieder. Und vielleicht wollen Sie sich dann ja wirklich noch auf eine Schnitzeljagd für Ihre Seele begeben. Halten Sie Ausschau nach einem Stein, der spricht, einem Objekt, das vollendet ist, einem Klang, der anrührt, einem unerwarteten Anblick sowie nach etwas Lebendigem und was sonst noch Ihre Fantasie beflügelt.
Wenn der Tag zu Ende ist und Sie wieder an den Ort Ihres Retreats zurückkehren, breiten Sie alles aus, was Sie in der Natur gefunden haben. Schreiben Sie nieder, welche Bedeutung diese Objekte für Sie haben. Genießen Sie den Abend – schauen Sie sich draußen die Sterne an, gönnen Sie sich ein Glas Wein, zünden Sie Kerzen an und lassen Sie es sich einfach gutgehen.

Sonntagmorgen (Regruppierung und Regeneration)

Lesen Sie das Kapitel »Körper und Seele«. Beginnen Sie den Tag, indem Sie darüber nachsinnen, welch eine gute Stütze Ihr Körper Ihnen auf Ihrem Soloabenteuer gewesen ist. Denken Sie bei einer Tasse Kaffee über seine Vorzüge nach und beantworten Sie die Fragen zum Thema »Schluss mit der Misshandlung des eigenen Körpers« auf Seite 151f.
Nehmen Sie sich dann eine Weile Zeit, um den Tag zu begrüßen, um gut zu frühstücken und schließlich das Balancerad zu erstellen, eine hilfreiche Übersicht, die es Ihnen ermöglicht, sich selbst später zu Hause genauso viel zu geben wie anderen. Unternehmen Sie einen Spaziergang, joggen Sie oder

fahren Sie Rad, um sich mit Energie aufzutanken. Lesen Sie vor dem Mittagessen das Kapitel »Die Erwartungen von allen anderen erfüllen«.

Bearbeiten Sie als Nächstes den Fragebogen »Geben und nehmen« auf Seite 185f., um sicherzustellen, dass Sie sich selbst auch weiterhin geben, was Sie anderen zuteilwerden lassen. Das hilft Ihnen, auf Kurs zu bleiben.

Sonntagnachmittag (Rückkehr)

Lesen Sie das Kapitel »Seine Kräfte sammeln und sich fördern«. Es ist nun an der Zeit, die Bühne für Ihren Wiedereintritt zu bereiten, denn Sie wollen ja am alten Ort eine Neue sein. Als Erstes müssen Sie dazu die Kreuze, die einen Scheideweg markieren, auf Seite 203 ausfüllen und auf diese Weise festlegen, was Ihnen wirklich wichtig ist.

Anschließend formulieren Sie eine Intention. Wählen Sie Ihre Intention aus den Eigenschaften, an die Sie sich bei Ihren Vorfahren erinnert haben. Vielleicht wollen Sie rebellischer, wagemutiger, alberner, unkonventioneller oder ausgeflippter sein oder einfach nur mehr Spaß haben. Egal wofür Sie sich entscheiden, nehmen Sie sich einen Stein oder ein anderes Objekt, das Sie von Ihrem Soloabenteuer mitgebracht haben, und schreiben Sie diese Intention gut sichtbar darauf. Das Objekt soll Sie daran erinnern, auf einen neuen Seinsmodus hinzuarbeiten.

Lesen Sie das Kapitel »Den Entschluss fassen, eine Neue am alten Ort zu sein«. Bevor Sie das Auto vollpacken und nach Hause zurückfahren, schreiben Sie sich selbst einen Brief, als ob Sie Ihre beste Freundin wären, und teilen Sie ihr darin mit, was Sie im Lauf des Wochenendes in der Ferne alles entdeckt haben (vgl. Seite 221 ff.). Adressieren Sie den Brief an sich selbst und nehmen Sie sich vor, ihn sich in einem Monat zu schicken. Er soll Sie daran erinnern, dass es Zeit ist für ein weiteres Retreat und noch mehr Selbsterforschung.

Bedenken Sie: *Sie sind so unvollendet wie die Küstenlinie am Strand und wie geschaffen dafür, sich immer wieder selbst zu übertreffen. Veränderung braucht Zeit. Sie kommen langsam zu sich, wenn Sie wirklich auf Ihr Herz hören. Es besteht keine Notwendigkeit, Ihrer Seelenarbeit einen zeitlichen Rahmen vorzugeben. Mögen Sie für immer verändert sein!*

Retreat

Die Stillwasserzeit kann sich als eine Zeit der Ruhe darstellen, als »psychischer Dornröschenschlaf«, nachdem man sein ganzes Leben lang gelernt hat, wie eine Frau sein soll.

Lassen Sie sich in eine nahtlose Welt ungestörter Zeit sinken, in der die endlosen Stunden es Ihnen gestatten, aus nichts etwas entstehen zu lassen.

Reparatur

Ich hasse es, als stark bezeichnet zu werden, denn dann erwarten immer alle von mir, dass ich die Kastanien für sie aus dem Feuer hole.

Sind wir vom Kurs abgetrieben worden, haben wir keine andere Wahl, als allein wieder zurückzufinden. Es gibt keine Lebensretter, kein Schlauchboot, das uns in Sicherheit bringt – unsere Rettungsleine sind unsere innere Stärke und unser Wille.

Rückgewinnung

Für mich ist es von höchster Bedeutung, die vergrabenen Anteile von mir zurückzugewinnen – Eigenschaften wie Verspieltheit, Verletzlichkeit, mich in meiner Haut wohl zu fühlen, intuitiver zu sein. Wie die vielen Teile eines Puzzles muss ich einen Weg finden, mich wieder als Ganzes zu schaffen.

Ich bin keine Treibhausblume mehr, die zu blühen gezwungen wird, sondern eher eine mit der Zeit gereifte Frau, die langsam versteht, worum es ihr geht.

Regruppieren

Halten Sie an Ihren Intentionen fest – auf Lateinisch intendere *mit der Bedeutung »nach etwas streben« – und folgen Sie weiterhin Ihrem Instinkt und Ihrer Intuition.*

Wie ich am Strand verschiedene Teile gefunden habe, um daraus die perfekte Meerjungfrau zu machen, so müssen wir auch viel Zeit darauf verwenden, um die Teile unseres Lebens sorgfältig zusammenzusetzen. Wir alle sind so formbar wie die Meerjungfrau im Sand – unfertige Frauen und Männer, die neue Wesen aus ihrem eigenen Selbst schaffen.

Regenerieren

Die Rolle der Frau in Frankreich ist, anderen zu gefallen, aber gleichzeitig sicherzustellen, dass sie sich dabei auch selbst gefällt. Ich muss meinem Körper einen eigenen Verstand geben – um die Einschränkungen aufzuheben, die ich ihm auferlegt habe, um wenigstens einmal zu versuchen, ihn so zu behandeln, als sei er in Ordnung und normal, was auch immer das bedeuten soll.

Ich lerne, mich selbst zu fördern – als Meisterin meiner eigenen Zeit und meines Schicksals, nicht mehr als Dienerin. Es geht dabei nur um die Intention – zu wissen, wann man eine Tür öffnen und wann man sie wieder schließen muss.

Rückkehr

Mich tragen zu lassen, mich unsichtbaren Strömungen hinzugeben und mich treiben zu lassen, das ist jetzt die wichtigste Herausforderung für mich.

Vielleicht sollten wir über jeden Kontrollverlust jubeln, über unsere fehlgeschlagenen Versuche, andere zu verändern, und uns ausschließlich darauf konzentrieren, uns selbst zu ändern.